Paul Gerhard Ficker

Der Mitralis des Sicardus nach seiner Bedeutung für die Ikonographie des Mittelalters

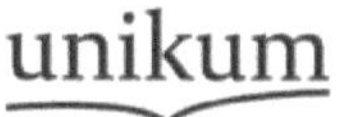

Paul Gerhard Ficker

Der Mitralis des Sicardus nach seiner Bedeutung für die Ikonographie des Mittelalters

---

ISBN/EAN: 9783845742380

Erscheinungsjahr: 2012

Erscheinungsort: Bremen, Deutschland

www.unikum-verlag.de | office@unikum-verlag.de

Paul Gerhard Ficker

Der Mitralis des Sicardus nach seiner Bedeutung für die Ikonographie des Mittelalters

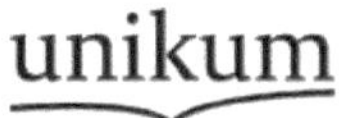

DER
MITRALIS DES SICARDUS
NACH SEINER BEDEUTUNG
FÜR DIE IKONOGRAPHIE DES MITTELALTERS

DISSERTATION

ZUR ERLANGUNG DER AKADEMISCHEN DOKTORWÜRDE EINGEREICHT
BEI DER PHILOSOPHISCHEN FAKULTÄT DER UNIVERSITÄT LEIPZIG

VON

PAUL GERHARD FICKER
CAND. THEOL.

LEIPZIG 1889

DRUCK VON RAMM & SEEMANN.

INHALT.

Seite

Der weitaus grösste Teil der Bildwerke, welche sich aus dem Mittelalter erhalten haben, findet die Erklärung seines Inhaltes in den Schriften religiöser Erbauung und Belehrung, deren sich jene Zeit bediente. Dass aus der Bibel die meisten Motive geschöpft wurden, ist selbstverständlich. Doch ist es zuviel behauptet, wenn man sie als „die Quelle aller Ikonographie des Mittelalters" betrachtet. Zwar knüpfen viele Darstellungen ihrem Inhalte nach an verwandte Gedanken der Bibel an, — auch solche Darstellungen, von denen wir sicher wissen, dass sie ihren Ursprung aus einer andern Quelle genommen haben; — und so muss immerhin die lateinische Bibel für den, der sich mit Ikonographie des Mittelalters beschäftigt, als vornehmste Quelle und als Grundlage seiner Studien gelten. Aber wir werden selbst da, wo wir es mit biblischen Szenen zu thun haben und jede einzelne als auf die Bibel zurückgehend erkannt haben, über die Bibel hinausgewiesen.

Denn bei der Zusammenstellung einzelner Personen oder Szenen genügt es nicht, jede Person oder Szene für sich richtig erkannt zu haben: die Frage ist: welcher einheitliche Gedanke hat den Künstler veranlasst, gerade diese Gestalten auszuwählen und gerade diese Szenen nebeneinander zu stellen? Wir würden in den meisten Fällen die grösste Mühe haben, die Frage richtig zu beantworten, wenn wir uns nur an die Bibel halten wollten. Daraus ergiebt sich die Forderung, nachzuforschen, in welcher Weise das in der Schrift vorliegende Material im Mittelalter verwertet wurde. Auskunft darüber geben uns die Theologen. Daher muss auch theologischen Gedanken ein Einfluss auf Bildwerke des Mittelalters eingeräumt werden.

Dasselbe ergiebt sich, wenn wir den Zweck der mittelalterlichen Kunst ins Auge fassen. Sie musste, wenigstens zum grössten Teile, der Kirche dienen. Daher muss, wenn auch die Behauptung, dass ihr Inhalt ausschliesslich ein biblischer sei, zurückzuweisen ist, ihr Inhalt als ein wesentlich kirchlicher bestimmt werden. Freilich nicht die Kirche nur als Pflegerin des religiösen Bewusstseins der Menschen ist es, welche den Künstler beschäftigte, sondern die Kirche als „Stätte der Andacht, Belehrung und Unterhaltung"[1]), mit einem Worte: die Kirche als Trägerin der Kultur. Sie gab dem Künstler mit der Aufgabe, für sie zu schaffen, die Gedanken, welche Verkörperung finden sollten.

Halten wir diese Bemerkungen fest, so gelangen wir schon auf diesem Wege zu dem Ergebnis, dass wenigstens für das Mittelalter, die kunstgeschichtliche Forschung eng verknüpft werden müsse mit der kulturgeschichtlichen Forschung. Zu derselben Forderung kommen wir auch von folgender Betrachtung aus:

Auf die Frage: wie erhielt der Künstler die Gedanken, denen er künstlerischen Ausdruck geben sollte? lautet die einfachste Antwort: indem er sich mit seinen Auftraggebern in Verbindung setzte und sich dann an das ihm, sei es auf mündlichem, sei es auf schriftlichem Wege mitgeteilte Programm hielt. Wenn es nun aber auch dem Künstler möglich war — mochte er eine theologische Bildung haben oder nicht; mochte er dem geistlichen oder dem Laienstande angehören —, die Gedanken seiner Vorlage sich zu eigen zu machen und selbständig zu verarbeiten, so ist doch schwerlich anzunehmen, dass jeder, der die Bildwerke betrachtete, denselben Denkprozess vornehmen konnte, wenn er nicht schon vorher ähnliche Vorstellungen in seine Phantasie und in sein Gedächtnis auf-

[1]) cf. Springer, Kunstgeschichtliche Findlinge in: Lützow, Zeitschrift für bildende Kunst, 9. Bd., S. 387.

genommen hatte. Oder soll immer der Satz Giltigkeit haben: es hätte eine Zeit gegeben, in welcher die Summe der Bildwerke zwar einzelnen Eingeweihten verständlich, der Mehrzahl der Menschen aber ein Rätsel gewesen sei? Gerade daraus, dass es nachlebenden Generationen schwer fällt, die Gedanken der Vergangenheit ohne weiteres zu erkennen, ergiebt sich die Notwendigkeit, das Geistesleben der Vorfahren zu erforschen und bei der Betrachtung von uns unverständlichen oder nur halb verständlichen Bildwerken eine Antwort auf die Frage zu suchen: in welchen Anschauungen lebten die Menschen jener Zeit, in welcher die Werke geschaffen wurden? Danach zu forschen, ist Aufgabe der Kulturgeschichte. So ist auch von dieser Seite her ihr Zusammengehen mit der Kunstgeschichte gefordert.

Die Folgerungen daraus für das Studium kirchlicher Kunstdenkmäler aus dem Mittelalter ergeben sich von selbst: es gilt, die Gedankenkreise ausfindig zu machen, in welchen die sich zur Kirche haltenden Gläubigen sich bewegten. Diese müssen sich in den litterarischen Denkmalen der Theologie wiederfinden und vor allem in denjenigen, welche die Gedanken der Theologen den Laien vermittelten. Das vorzüglichste Mittel dieser Art ist jederzeit die Predigt gewesen. Aus den Predigtsammlungen des Mittelalters sehen wir nicht nur am besten, inwiefern der in den Schriften Alten und Neuen Testaments vorliegende Stoff bei den Geistlichen verarbeitet, resp. erweitert wurde, sondern auch, wie er den Laien mitgeteilt und ihrem Verständnis nahe gebracht wurde. Als Muster einer Predigtsammlung des Mittelalters gilt das aus der ersten Hälfte des zwölften Jahrhunderts stammende speculum ecclesiae des Honorius Augustodunensis. Des Verfassers Absicht bei der Abfassung seines Werkes ist nach der Vorrede gewesen, Predigern bei Ausarbeitung ihrer Predigten zu Hilfe zu kommen. Wörtliche Entlehnungen aus dem speculum, die sich in Predigten aus der folgenden Zeit finden, oder die Herübernahme der Art und Weise, die Predigt zu behandeln, die auf dasselbe zurückgeht — beweisen, welchen Einfluss Honorius ausgeübt hat. Und wenn auch nicht sein unmittelbarer Einfluss behauptet werden könnte, so würde er doch, wie aus der Vergleichung mit Predigten, die ungefähr aus derselben Zeit stammen, erhellt, als Typus eines Predigers seiner Zeit gelten müssen.[1])

Welche Ergebnisse die Benutzung des Honorius für die Erklärung mittelalterlicher Bildwerke geliefert hat und liefern kann, zeigt die Abhandlung Springers „über die Quellen der Kunstdarstellungen im Mittelalter."[2]) Was insbesondere Honorius angeht, so sind die Kategorien, über welche er Auskunft giebt, folgende: Parallelen zwischen Altem und Neuem Testament, Typen und Vorbilder (Springer a. a. O. 18, 20); Erweiterung des biblischen Bilderkreises durch eingestreute, an den biblischen Bericht angeknüpfte Erzählungen (S. 19); Verbindung von neutestamentlichen Szenen (S. 20—23); Erzählungen aus der Antike (S. 23, 24); die Tiergestalten des Mittelalters (S. 25, 26); Heiligenlegenden und die Reihenfolge der Heiligen des Himmels (S. 26, 27). Schon diese Uebersicht zeigt, dass ein grosser Teil von Darstellungen, deren Verknüpfung mit der Kirche von unserm heutigen Begriffe von der Kirche aus uns rätselhaft erscheinen muss, in den kirchlichen Anschauungen des Mittelalters seinen Grund und Ursprung hat. Insbesondere ist eine genauere Bestimmung der „Rätselbilder" möglich geworden. Nachdem nämlich diejenigen Tierbilder, welche nur eine dekorative Bedeutung in Anspruch nehmen können, endgiltig als eines tieferen Sinnes ermangelnd dargethan

---

[1]) Inbetreff der Predigtweise des Honorius im allgemeinen sei es gestattet, ausser auf die Abhandlung von Wackernagel über „die altdeutsche Predigt" (redigiert von Rieger) in „Altdeutsche Predigten und Gebete", Basel 1876, hinzuweisen auf

Cruel, Geschichte der deutschen Predigt im Mittelalter. Detmold 1879 und Linsenmayer, Geschichte der Predigt in Deutschland von Carl dem Grossen bis zum Ausgange des vierzehnten Jahrhunderts. München 1886. No. 194—200.

Ueber den Zweck mittelalterlicher Predigtsammlungen als Vorlagen cf. Wackernagel S. 338. Ueber die Beeinflussung späterer Prediger durch Honorius cf. Linsenmayer z. B. S. 224, 226, 234, in deutschen Predigten: 251, 252.

[2]) In den Berichten der phil.-histor. Klasse der Königl. Sächs. Gesellschaft der Wissenschaften 1879. S. 1—40. (über Honorius S. 16—29.)

Dazu: Springer, Ikonographische Studien in „Mitteilungen der k. k. Central-Commission zur Erforschung und Erhaltung der Baudenkmale. Wien. 5 Bd. 1860, S. 29—33; 67—75; 125—34; 309—322).

worden sind (Springer, S. 2—9), lassen sich nach Honorius eine Reihe von Tieren aufzählen, denen er teils symbolische, teils moralische, teils typologische Bedeutung giebt. So können manche mit den alttestamentlichen Typen auf gleiche Stufe gestellt werden: sie gelten zunächst wie diese als Beispiele; als solche, die gebotene Erzählung veranschaulichend und erläuternd, werden sie ausdrücklich von Honorius aufgeführt;[1]) die Sucht aber, im Reiche der Natur wie in dem der Geschichte Analogien zu der neutestamentlichen Heilsgeschichte zu finden, weist auch den Tierbildern eine höhere Stellung an; sie müssen, wie die Typen des alten Testaments, zum Beweise für die Wahrheit der evangelischen Erzählungen dienen.[2]) So ist ein scheinbar fern liegendes Gebiet in den kirchlichen Gedankenkreis aufgenommen, in dessen ursprünglichem Gehalt es zwar eine Anknüpfung, aber keine Erklärung findet. Wie Bilder dieser Art — von den Tieren, welche den Kampf mit dem Teufel versinnbildlichen sollen, wird weiter unten die Rede sein[3]) — dem mittelalterlichen Prediger notwendig erschienen, so mussten sie es auch für den Künstler sein. Das Wichtigste jedenfalls ist, die innere Notwendigkeit, welche auch den Künstler zu solchen Gedanken zwang, beweisen zu können. Diesen Beweis liefert die Predigt, und zwar nicht nur für das Gebiet der Tierbilder, sondern auch für jede einzelne der oben angeführten Kategorien.

Eine der Predigt durchaus verwandte Quelle für Kunstdarstellungen des Mittelalters bieten die Hymnen und Sequenzen (Springer S. 30 ff.). Auch ihr Einfluss ist nach denselben Gesichtspunkten zu bestimmen wie der der Predigt, und es haben sich wesentlich dieselben Ergebnisse gezeigt. Verschiedenheit ihrer Bestimmung und Anlage von der der Predigt bedingen die Verschiedenheit der Resultate.

---

[1]) Vgl. Honorius, speculum ecclesiae, ed. Migne (Patrol. latina, 172). Stellen wie: horum (d. i. der Auferstehung) figura est expressa in animalium natura 935 B; hoc quia futurum erat deus olim per aves etiam expresserat 936 A; ut in Christo per omnia innovemur, per aves etiam edocemur 812 C (vgl. 869 A etc.) zeigen, welchen Zweck die aus dem Tierreiche genommenen Beispiele haben sollten.

[2]) Vgl. Wackernagel a. a. O. S. 344.

[3]) S. 58 ff.

Da die volkstümlichen homiletischen und liturgischen Schriften des Mittelalters — also die Schriften, welche auf das gottesdienstliche Leben der Gläubigen bestimmenden Einfluss üben — eine so reiche Ausbeute geliefert haben, so liegt die Frage nahe, ob nicht auch die Schriften, welche die Formen des mittelalterlichen Gottesdienstes behandeln, als kunstgeschichtliche Quellen dienen können. Schon von vorn herein muss es in hohem Grade als wahrscheinlich gelten, dass die Beantwortung der Frage eine bejahende sein wird. Denn diese liturgischen Werke, wie man sie genannt hat — das Mittelalter nennt sie libri de divinis officiis oder de ritibus ecclesiasticis oder bloss de officiis — behandeln das Kirchenjahr in seiner Folge und besprechen die einzelnen Sonn- und Festtage. Was an jedem einzelnen dieser Tage zu thun sei, welche Funktionen dem Geistlichen obliegen, welche Schriftabschnitte zur Verlesung kommen sollen, zu welcher Zeit dies geschehen müsse, — an welchen Tagen Prozessionen veranstaltet werden müssen und in welcher Weise, — darüber, kurz über das ganze kirchliche Leben und Treiben geben sie Auskunft. Dazu ist in ihnen noch das Streben ersichtlich, die bestehenden kirchlichen Gebräuche historisch zu erklären. Es ist natürlich, dass in der Folgezeit auch eine Besprechung des Kirchengebäudes und der Diener der Kirche beigefügt wurde.[1]) Bei solcher Beschaffenheit dieser Werke erscheint die Frage erlaubt: was lässt sich aus ihnen für die Erklärung kirchlicher Bildwerke aus dem Mittelalter entnehmen?

Liturgische Werke haben sich, angefangen von den 2 Büchern de divinis sive ecclesiasticis officiis des Isidorus Hispalensis, in ziemlich grosser Anzahl aus dem Mittelalter erhalten.[2]) Als Hauptschrift dieses Zweigs der Litteratur gilt mit Recht des Guilelmus Durandus rationale divinorum officiorum in 8 Büchern. Das Werk

[1]) Eine nähere Bestimmung des Inhalts und des Zwecks liturgischer Werke wird sich aus der Besprechung eines einzelnen ergeben.

[2]) Die wichtigsten sind aufgezählt z. B. in: Augusti, Denkwürdigkeiten aus der christlichen Archäologie etc. 4 Bd., No. 274—80 (Leipzig 1821); und neuerdings in Köstlin, Geschichte des christlichen Gottesdienstes. Freiburg i. B. 1887. 9. 91.

ist im Jahre 1286 vollendet worden. Es hat unter allen ähnlichen den meisten Beifall und ein beinahe kanonisches Ansehen erhalten.[1]) Durandus hat, wie er selbst am Schlusse seines Werkes sagt, more mellificantis apis aus verschiedenen Büchern und Kommentaren, was ihm brauchbar erschien, zusammengetragen. Doch hat er auch, wie aus manchen Stellen hervorgeht, für die Zustände seiner Zeit die Augen offen gehabt.[2]) Sein Rationale kann als Zusammenfassung der Werke, die vor ihm den gleichen Gegenstand behandelt hatten, betrachtet werden. Es kann darum die Bedeutung einer selbständigen Arbeit nur zum kleinsten Teile in Anspruch nehmen. Nur an den Stellen darf er als Quelle für seine Zeit angesehen werden, an denen er ausdrücklich auf die Gegenwart Bezug nimmt.

Wichtig ist es, dass er oft seine Quellen angiebt; wo er es nicht thut, lassen sie sich wenigstens ohne grosse Mühe erkennen.[3]) Dadurch, dass er sie benutzte und zum Teil ausschrieb, erhalten wir die Gewähr, dass sie für ihn bindende Autorität besassen. Wir werden in ihnen daher selbständigere Arbeiten zu erwarten haben und ungleich mehr und gesichertere Resultate aus ihnen erhalten. Das Studium der Quellen, aus denen er schöpfte, hat daher grosse Wichtigkeit und lässt klar vor Augen treten, in welchem Gegensatze er und seine Zeit zu der Vergangenheit steht, welcher die Quellen entspringen.

Von den liturgischen Werken, die ihm vorlagen, macht Durandus besonders zwei namhaft: des Johannes Beleth explicatio divinorum officiorum und des Sicardus Mitralis. Die Werke der drei Männer hängen nach Form und Inhalt eng untereinander zusammen. Das eine lässt sich nicht betrachten, ohne auf die andern Bezug zu nehmen.[4])

---

[1]) Augusti a. a. O. S. 278. Der richtige Name ist nach Gieseler, Lehrbuch der Kirchengeschichte II. Bd., 2. Abt., 4. Aufl., S. 431 Durantis oder Duranti, nicht Durandus. Wir behalten die gewöhnliche Schreibweise bei. (Johann von Trittenheim, catalogus virorum ecclesiasticorum illustrium, Cöln 1531, fol. 92b schreibt Duranti.)

[2]) Lib. VIII, cap. XIV am Schluss. (Ausg. Antwerpen 1614, Bl. 485b.)

[3]) Die Quellen zählt auf: Piper, Einleitung in die monumentale Theologie. S. 624.

[4]) So sind sie behandelt in Piper a. a. O. §§ 142 und 143.

Das Werk Beleths[1] ist mehr eine Skizze des zu bewältigenden Stoffes als eine Verarbeitung desselben. Dadurch unterscheidet es sich von der Schrift des Sicardus, welche mit grösserer Ausführlichkeit das Material geistig zu durchdringen sucht. Darum ist auch die Disposition dieser schärfer innegehalten, wie sich aus einem kurzen Aufriss des Inhalts ergeben wird. Das Wichtige jedoch ist, dass Beleth nur wie beiläufig von der Kunst und den Kunstdarstellungen spricht, während Sicardus ihnen eine längere Besprechung widmet. Jenem bleibt immerhin das Verdienst, als erster Kunstdarstellungen in ein liturgisches Werk aufgenommen zu haben. Aber bei der Kürze seiner Nachrichten wird eine Untersuchung der kunstgeschichtlichen Bedeutung liturgischer Werke besser an Sicardus anknüpfen, bei dem ein wirkliches Interesse für Darstellungen der bildenden Künste zu finden ist. Auf die Frage, was sich aus des Sicardus liturgischer Schrift entnehmen lasse zur Erklärung mittelalterlicher Kunstwerke, eine Antwort zu geben, soll im folgenden versucht werden.

Als Muratori im siebenten Bande der rerum Italicarum scriptores das Chronicon des Sicardus abdrucken liess (1725)[2], erwähnte er in der Vorrede dazu, dass man demselben Verfasser das mitrale oder eine summa de officiis zuschreibe. Da er glaubte, dass damit zwei verschiedene Werke bezeichnet seien, so sah er in dem mitrale nur ein anderes chronicon; von der summa, die in der vatikanischen Bibliothek aufbewahrt sein solle, könne er nichts berichten, da sie ihm unbekannt sei. Diese Meinung Muratoris ist durch Mai widerlegt worden, welcher im sechsten Bande seines spicilegium Romanum (1841)[3] Auszüge aus zwei Handschriften der Vaticana bot. Durch ihn wurde bewiesen, dass die beiden Titel ein und dasselbe Werk bezeichneten. Es führt in der einen der von Mai benutzten Handschriften (aus der ersten Hälfte des XIII. Jahrhunderts stammend) die Aufschrift: incipit mitralis de officiis

---

[1]) Beleths Werk gehört der 2. Hälfte des XII. Jahrhunderts an. Piper a. a. O. S. 621. Das Todesjahr der Elisabeth von Schönau ist 1164. Vgl. die Visionen der heiligen Elisabeth, herausgegeben von Roth, pag. CII.

[2]) Spalte 529—626.

[3]) S. 583—598.

editus a sycardo cremonensi episcopo. Da auch auf einer ein Jahrhundert jüngeren, von Mai nicht eingesehenen Handschrift derselbe Titel wiederkehrt[1]), so dürfte er die grössere Richtigkeit für sich in Anspruch nehmen als der, unter welchem Migne das Werk herausgegeben hat:, Sicardi Cremonensis episcopi Mitrale seu de officiis ecclesiasticis summa (nach einer Handschrift der Bibliothek des Grafen de l'Escalopier.)[2])

Die Zeit der Abfassung des Werkes lässt sich ungefähr angeben. In seinem Chronicon hat Sicardus selbst einige Daten über sein Leben berichtet.[3]) 1185 ist er Bischof von Cremona geworden. Als solcher ist er an dem Hofe des Kaisers gewesen, um im Auftrage seiner Mitbürger mit ihm Unterhandlungen zu führen. So war er 1187 in Deutschland. Andere Reisen hat er gemacht nach dem Osten: er berichtet, dass er in Armenien, in Syrien, in Constantinopel, in Griechenland gewesen sei. Nach Syrien ist er ‚pro amore Domini crucifixi' gepilgert; in den anderen Ländern war er als Begleiter des Cardinals Petrus. Er sollte ihm bei der Feier von gottesdienstlichen Handlungen Beistand leisten. Zu gleichem Zwecke war er mit eben diesem Petrus und dem Cardinal Soffredus in Constantinopel[4]), deren Aufgabe er mit den Worten bestimmt: spiritualia negotia tam inter Graecos quam Latinos diffinierunt. Sicardus zeigt sich also als ein weitgereister, auf der Höhe der Bildung stehender Mann. Seine Bewanderung in den divina officia lässt den Verfasser des Mitralis erkennen. Ein Schluss daraus auf die Zeit der Abfassung des Werkes lässt sich nicht ziehen; auch daraus nicht, dass er sich in dem Berichte zum Jahre 1185 den Verfasser des Chronicon nennt. So wird die Zeit seiner litterarischen Thätigkeit nur im allgemeinen begrenzt werden

---

[1]) Die zweite der von Mai benutzten Handschriften ist noch jünger. Sie nennt das Buch: liber qui mitralis dicitur und schreibt den Namen des Verfassers Sicardus.

[2]) 1855. Patrol. Latina 213. Der Name des Autors wird verschieden geschrieben: Sycardus, Sichardus, Sicardus. Durandus schreibt immer Richardus.

[3]) Piper a. a. O. S, 622. Die betreffenden Stellen sind bei Migne 213: 515 D, 516 C und D, 519 A, 536 C. Sein Tod: 539 C.

[4]) Im Jahre 1204. Migne 536 C.

können als vor dem Jahre 1215 liegend, in welchem, wie ein Nachtrag zu dem Chronicon meldet, sein Tod erfolgt ist. Die Annahme scheint erlaubt, dass der Mitralis um die Wende des XII. Jahrhunderts verfasst sei; dass er also der Zeit nach dem Werke Beleths näher steht als dem rationale des Durandus.

Eine kurze Uebersicht des Inhalts des Mitralis wird seine Bedeutung zeigen. Nach einem sehr knapp gehaltenen Vorwort, in welchem er den Plan seines Werkes aufzeigt, behandelt Sicardus seinen Stoff in neun Büchern. Das erste Buch (Migne, Spalte 13—56) handelt von dem Ort; es bespricht das Kirchengebäude, zuerst die historische Grundlage desselben, die es findet in der Stiftshütte und in dem Tempel Salomos (Kap. 1); dann seine Gründung (2); die einzelnen Teile (3 und 4; dem Altar ist das 3. Kapitel gewidmet) die Namen (5), die Weihe (6—10), die Sühnung nach einer Entweihung (11); den Schmuck (12); die Gerätschaften (13).

Das zweite Buch (Migne 55—90) handelt in acht Kapiteln von den Personen. Dem historischen Ueberblick über die Priester bei Heiden und Juden folgt die Besprechung der verschiedenen Klassen der Kirchendiener. Die heiligen Kleider erfahren ausführliche Berücksichtigung. (Eingeschaltet ist ein Abschnitt über die königlichen Insignien.)

Das dritte Buch (89—148) beginnt die Besprechung des Gottesdienstes. Es handelt in 9 Kapiteln über die Messe. Das vierte (147—190) redet von den verschiedenen Zeiten des Gottesdienstes (10 Kapp.; das letzte: de officio monastico). Die folgenden vier Bücher (189—406) behandeln nach der Folge des Kirchenjahrs die Gottesdienste der einzelnen Sonntage, vom ersten Advent angefangen; während das neunte Buch (405—432) die Heiligenfeste hinzufügt. Ein kurzes Schlusswort ladet zum Genuss des Werkes ein mit dem Ausblick auf die Zukunft ‚cum apparuerit gloria Domini'. —

Es ist die erste systematische Durchführung der schon von Honorius Augustodunensis in der gemma animae[1]) und von Beleth

[1]) Migne 172, col. 543. (gemma animae I, 1.)

dargebotenen, aber noch nicht verwerteten Disposition. Sicardus giebt die erste ausführliche Beschreibung des Kirchengebäudes und seiner Teile; er hat endgiltig die kirchliche Kunst in den Bereich der liturgischen Werke gezogen.[1])

Noch eine andere Eigentümlichkeit tritt bei Sicardus entgegen. Schon die Verfasser früherer liturgischer Werke, wie der Verfasser des Micrologus oder Honorius und Rupert von Deutz, begnügen sich nicht, die gottesdienstlichen Gebräuche einfach aufzuzählen und zu erklären; sie haben die Absicht, die Form des Gottesdienstes aus seinem Inhalte herzuleiten, und darum macht sich eine Besprechung der an den einzelnen Tagen zu lesenden oder zu erklärenden Schriftabschnitte notwendig. Auch diesen Zug hat Sicardus aufgenommen und weiter ausgeführt. So bietet sein Werk Beispiele der zu seiner Zeit gebräuchlichen Exegese und ist den Predigtwerken an die Seite zu stellen.

Aus dem Dargelegten lässt sich auf den Zweck schliessen, zu welchem der Mitralis abgefasst worden ist. Zwar redet Sicardus selbst nicht davon, auch in der Vorrede nicht, wo er am ehesten Gelegenheit dazu gehabt hätte. Ersatz dafür finden wir bei Beleth und Durandus, welche sich beide in gleicher Weise aussprechen. Der Mitralis an sich lehrt, dass der Verfasser denselben Zweck verfolge, wie jene beiden. Beleth[2]) leitet seine Schrift mit folgenden Worten ein: In der alten Kirche war es jedem verboten, zu sprechen, wenn nicht einer da wäre, der (das Gesprochene) auslegte. Denn was würde das Sprechen nützen, wenn es nicht verstanden würde? Sicherlich nichts! — An diese, nicht genaue Entlehnung eines Paulinischen Gedankens (1. Cor. XIV, bes. vv. 27 und 28) knüpft

[1]) Ueber die Verschiedenheiten der einzelnen Werke und über die Festsetzung des von ihnen zu behandelnden Stoffes bis auf Durandus vgl. Piper, Einleitung etc. §§ 115 und 116 (S. 514 bis 521) und §§ 142 und 143 (620—631.) — Der Liber de officiis ecclesiasticis des Grafen Jean de Bayeux (Piper S. 518; Rotomagi 1679, S. 1—87) giebt keine Auskunft über Kunstgegenstände. Er bietet nur eine kurze Aufzählung der gottesdienstlichen Gebräuche.

[2]) Blatt 489 a. (Zitiert wird nach der Ausgabe des Rationale des Durandus: Antverpiae, apud viduam et haeredes Petri Belleri, 1614, an deren Schlusse Beleths explicatio abgedruckt ist. (Blatt 489—568). Die französische Uebersetzung des Rationale von Barthélémy 1848 ist mir nicht zugänglich gewesen).

er die Betrachtung, dass es eine löbliche Sitte gewesen sei, das Evangelium gleich nach der Verlesung dem gemeinen Volke auszulegen; dass sich aber jetzt kaum, und nicht einmal kaum, einer finden lasse, der es verstehe, was er gelesen oder gehört habe. Diesem Uebelstande will er abhelfen, „damit nicht einmal der Mund derer, die Dir, Herr Gott, zur Ehre singen, in schmählicher Weise stumm sein müsse.“ So will er der Unwissenheit derer, die nichts von solchen Sachen verstehen, zu Hilfe kommen. Derselbe Grund der Unwissenheit von Priestern und Prälaten hat Durandus bewogen, sein Werk zu verfassen.[1])

Der Zweck der liturgischen Schriften ist demnach, die gottesdienstlichen Funktionen — alles, was mit dem Gottesdienste zusammenhängt, zu erklären. So sind sie zunächst für die Geistlichen bestimmt; diese aber sollen, was ihnen klar geworden, den Laien vermitteln. So liegt auch im Mitralis des Sicardus ein Buch vor, welches als Handbuch der Geistlichen bei Ausübung ihrer priesterlichen Geschäfte dienen soll. Dass auch dieses Buch im Hinblick auf das Bedürfnis der Laien verfasst worden sei, geht aus einer Stelle hervor, in welcher Sicardus die einleitenden Gedanken Beleths sich zu eigen macht und darauf dringt, dass der Redner seinem Zuhörer verständlich sein müsse.[2]) Zur Erlangung dieses Verständnisses soll der Mitralis das geeignete Buch sein. In seiner Absicht liegt es zugleich, dass er eine weite Verbreitung finden sollte.

Die Frage, ob und inwieweit dieser Absicht entsprochen worden sei, ist für die folgenden Untersuchungen nur von untergeordneter Bedeutung. Denn nur dann, wenn bewiesen werden könnte, dass der Mitralis eine allgemeine Verbreitung gefunden hätte, würde die Untersuchung einen andern Weg einzuschlagen haben. Und eine allgemeine Verbreitung lässt sich nicht erweisen.

Demzufolge wird die Untersuchung der ikonographischen Bedeutung des Mitralis im wesentlichen darauf ihr Augenmerk zu richten haben, welche Beleuchtung und Erklärung Bildwerke des

[1]) Durandus im Prooemium §§ 3, 18. Näheres darüber bei Piper, S. 621 und 623.

[2]) Migne, 213, 53 B.

Mittelalters durch ihn empfangen können. Die Notizen, welche Sicardus über gleichzeitige Bildwerke giebt, sind an die Spitze zu stellen; an zweiter Stelle sind die Beziehungen aufzusuchen, welche sich zwischen den Ausführungen des Mitralis und dem Inhalte Mittelalterlicher Bildwerke feststellen lassen.[1])

Der Bericht des Mitralis über gleichzeitige Kunstgegenstände.

Die Notizen, welche Sicardus über gleichzeitige Kunstgegenstände giebt, erhalten ihre richtige Beleuchtung, wenn man seine Anschauung von dem Zwecke der bildenden Künste ins Auge fasst. Diese betont das lehrhafte Element. Denn im zwölften Kapitel des ersten Buchs, welches de ornatu ecclesiae (Migne 40—44) handelt, sagt er, dass Kunstwerke nicht nur ein Kirchenschmuck sein sollen, sondern auch die ‚Schrift der Laien.‘ Der Gedanke der litterae oder der scriptura laicorum, wie Beleth sagt[2]), hat seinen Gewährsmann in Gregor dem Grossen, der für ihn an mehren Stellen seiner Briefe eintritt.[3]) Denn was dem Kleriker der Buchstabe, das ist dem Laien die Malerei.[4]) Denen, welche die Bibel nicht lesen können, soll wenigstens ihr Inhalt deutlich vor Augen gestellt werden. Darnach bestimmt Sicardus im Anschluss an Röm. XV, 4: quaecunque enim scripta sunt — (er fügt, um die Stelle mit seinen Ausführungen in Zusammenhang zu bringen, vel sculpta hinzu) — ad nostram doctrinam scripta sunt, die belehrende Bedeutung der Bildwerke näher dahin, dass sie an das Vergangene erinnern, und das aufzeigen sollen, was gegenwärtig oder zukünftig

---

[1]) Ein abschliessendes Urteil über die Bedeutung der Schriften über die divina officia im allgemeinen wird sich erst fällen lassen, wenn ihr Verhältnis zu einander genau dargelegt ist. Auch Sicardus hat vieles aus früheren Schriftstellern, namentlich aus Honorius, entlehnt.

[2]) Beleth cap. 85, Bl. 528 a.

[3]) Otte, Handbuch der kirchlichen Kunstarchäologie. 5. Aufl. I, S. 2.

[4]) Beleth a. a. O. Das Wort pictura bedeutet bei ihm ganz allgemein: Kunstdarstellungen. Er bezeichnet damit z. B. auch die Statuen in der Kirche.

sei. Unter dem Vergangenen versteht er Geschichten und Visionen; unter dem Gegenwärtigen Tugenden und Laster, unter dem Zukünftigen Strafen und Belohnungen. Somit liegt es in seiner Absicht, auf geschichtliche, auf allegorische Bilder und auf Bilder des jüngsten Gerichts Bezug zu nehmen. So schliesst die Betonung des Lehrhaften die Betonung des Moralisierenden mit ein. Von einem ästhetischen Zwecke der Bildwerke ist fürderhin keine Rede mehr, ebensowenig, wie von einem erbaulichen. Der Gedanke von den litterae laicorum ist also vollständig in den Geist und Verstand von mittelalterlichen Theologen aufgenommen. Er bildet ein wesentliches Moment für die Erklärung mittelalterlicher Kunstwerke.

Dasselbe ergiebt sich bei der Betrachtung der einzelnen Darstellungen, welche Sicardus erwähnt. Er will von Malereien und Skulpturarbeiten sprechen. Letztere erwähnt er nur beiläufig. Der einzige Gegenstand, von dem er sagt, dass er plastisch gebildet wäre, ist die Passion. Er spricht wesentlich von Malereien, und zwar von solchen, welche die Laien unmittelbar vor Augen hatten, wenn sie die Kirche betraten: Der Bericht des zwölften Kapitels beschränkt sich darum auf kirchliche Wandmalereien.

Die meisten Gegenstände, die er erwähnt, sind Szenen aus dem Leben Christi: Geburt, Maria mit Christus, Kreuzigung, Himmelfahrt. Dazu kommen noch Christus auf dem Throne und die Gegenstände, welche diese Darstellung begleiten. Bilder des Paradieses und der Hölle, endlich Darstellungen der Tugenden beschliessen den Bilderkreis, von welchem er Kunde giebt.

Mit diesem Berichte geht er über Beleth hinaus. Denn dieser spricht nur von einer dreifachen Weise, Christum darzustellen: allerdings würde er so auf die passendste Weise in der Kirche gemalt,[1]) nämlich auf dem Throne sitzend, am Kreuz hängend und in seiner Mutter Schoss ruhend. Dem gegenüber spricht Sicardus von einer vielfachen Art, das Bild Christi zu malen. Aber er beschränkt sich auch auf die Darstellungen, welche das credo an die Hand giebt; ja er nennt nicht einmal diese vollständig; es fehlen z. B. die annuntiatio und der descensus ad inferos, welche in einer

[1]) Beleth, Bl. 528 a, cap. 85.

ausgeführten Darstellung des credo schwerlich fehlen würden.[1]) Die kurze Zusammenfassung des Lebens und der Thaten Christi, welche das credo bietet, wird noch auf eine andere Weise verkürzt, welche im Anschlusse an die Vierteilung der Dauer des Menschengeschlechts[2]) von Adam bis zum Endgericht etc. die vier principales actiones Christi hervorhebt; nämlich die nativitas, passio, resurrectio, den adventus ad iudicium. Zur nativitas gehören: die circumcisio, die apparitio, der baptismus, die purificatio; zur passio das ieiunium und die tentatio; zur resurrectio die ascensio und die spiritus missio; zum adventus die transfiguratio und die miraculorum operatio.[3]) Eine ähnliche Auswahl wie die hier gebotene giebt Sicardus in seinem Berichte, nur dass er statt der resurrectio die ascensio einsetzt und statt der Wiederkunft zum Gericht die Schilderung des Paradieses und der Hölle. Die abgekürzte Darstellung des Lebens Jesu hat also ihren guten Grund. Nehmen wir hinzu, dass Sicardus der Anordnung des credo folgt und zwischen der Himmelfahrt und der Wiederkunft zum Gericht die Darstellung der praesens maiestas domini (im credo: sedet ad dexteram Dei) einschiebt; ferner, dass er das Lehrhafte in der Kunst betont, so dürfen wir annehmen, dass die Auswahl der Bilder, die er giebt, durch den Hinblick auf das credo bedingt ist.

Ueber die bildliche Darstellung der einzelnen Szenen giebt Sicardus folgende Aufschlüsse: Die Geburt wird durch Christus in der Krippe versinnbildlicht; wenn er gemalt wird im Schoss seiner Mutter, so erinnert das Bild an sein Knabenalter; die Darstellung der Kreuzigung erinnert an sein Leiden. Hier ist Sicardus ausführlicher: Sonne und Mond werden dazu gemalt und zwar verfinstert.[4]) Die Kennzeichen der Passion sind: die Schächer und

[1]) Von den Credo-Darstellungen im allgemeinen wird in dem Abschnitte über Zusammenstellung biblischer Szenen die Rede sein.

[2]) Vgl. unten S. 42, Anm. 1, wo sechs und sieben Zeitalter der Welt angeführt werden.

[3]) Beleth, cap. 55, Bl. 513 b. Dieselbe Einteilung bei Durandus VI, 1, § 11 (Bl. 252 a).

[4]) Im Anschluss an Luk. XXIII, 45: et obscuratus est sol. Des Parallelismus wegen ist die Verfinsterung des Mondes hinzugefügt; sie erhält aber eine allegorische Erklärung. Vgl. Piper, Mythologie und Symbolik der christlichen Kunst. I. Bd., 2. Abt., 153—169.

die Nägel, die Zangen und Wunden, die Lanze, Blut und Wasser, der titulus und die Krone; endlich das Purpurkleid. Die Angaben sind zu allgemein gehalten, als dass sich aus ihnen Näheres für eine Ikonographie der Kreuzigung entnehmen liesse. Ueber die Gestalt des Kreuzes folgt später die Bemerkung, dass es vier Enden habe[1]); Sicardus ist jedoch nur die symbolische Bedeutung derselben wichtig; er spricht zwar davon, dass das Kreuz vier Teile habe: die Basis, das aufrechtstehende Stück, das Querholz und die Tafel, welche Pilatus anbringen liess. Er kann aber hier ebensogut die T-Form des Kreuzes wie die crux immissa vor Augen haben.

Charakteristisch ist die Aufzählung der Marterwerkzeuge; denn auf das physische Leiden Christi wird Betonung gelegt. Doch ist auch dies nichts dem Sicardus Eigentümliches; vielmehr liegt es im Geiste der Zeit, Christi Leiden in den grassesten Zügen auszumalen. (Darin ist die Folgezeit noch fortgeschritten.[2]) — Die Erwähnung der Lanze hat die Hinzufügung von Blut und Wasser veranlasst; entnommen ist dieser Zug aus dem Evangelium nach Johannes XIX, 34). Sicardus legt eine tiefe Bedeutung hinein: wie nämlich aus der Rippe des schlafenden (Adam) seine Genossin Eva gebildet worden war, so sollte aus der Seite des toten (Christus) seine Schwester und Braut, die Kirche, geboren werden.[3]) Auch dass die linke Seite von der Lanze durchbohrt wurde, wird später erwähnt und giebt die Veranlassung zu einer Erklärung, die mit vielem Scharfsinn herbeigezogen ist.[4]) Ebenso wird der Umstand, dass die Zahl der Wunden fünf beträgt, tieferer Bedeutung gewürdigt.[5]) — Auffallend ist es, dass Sicardus den Schwamm mit Essig, welchen ein Kriegsknecht auf einem Rohre Jesu hinaufreicht, nicht berücksichtigt, obgleich diese Darstellung schon aus symmetrischen

[1]) quatuor cornua; Sp. 313 B, crucis figura quadripartita 314 D.

[2]) Dazu vgl. die bei Wackernagel, Altdeutsche Predigten S. 370 angeführten Stellen.

[3]) Migne 213, col. 316 B.

[4]) Ebendort, col. 347 B. Er bringt Ezech. 47, 1, 2 mit seiner Bemerkung in Zusammenhang.

[5]) Ebendort, col. 126 C.

Gründen auf den meisten mittelalterlichen Bildern der Kreuzigung zu finden ist,[1]) welche die Durchbohrung der Seite Christi bringen. In dem Abschnitte de parasceve (lib. III,XIII) giebt er sowohl von dem acetum wie der arundo eine ausführliche Erklärung. Ebenso auffallend ist es, dass er bei der Kreuzigung die Zange nennt, welche doch nur bei der Kreuzabnahme ihre Stelle hat. Hier ist die Annahme zulässig, dass er beide Szenen, Kreuzigung wie Kreuzabnahme, unter dem einheitlichen Begriffe der passio vereinigt hat; dass er nicht sowohl ein bestimmtes Bild der Kreuzigung in seinem Berichte beschrieben hat, sondern nur eine allgemeine Zusammenstellung der Attribute der Passion geben will. Darauf weist auch die Erwähnung des Purpurgewandes hin, welches auf Joh. XIX, 2 zurückgeht und nicht bei der Kreuzigung selbst zur Anwendung kommt. — Was endlich die corona anbetrifft, von der Sicardus spricht, so würde es möglich sein, dass er die Dornenkrone meine, zumal er auch sie unter die insignia passionis rechnet. Die Dornenkrone wird auch unter den verschiedenen Kronen genannt, mit denen Christus gekrönt worden ist.[2]) Aber weil sie nicht ausdrücklich als solche bezeichnet wird und sie auch erst auf den Bildwerken seit der Mitte des dreizehnten Jahrhunderts uns entgegentritt,[3]) so erscheint der Schluss gewagt, dass Sicardus hier eine frühere Darstellung derselben beweise. Es wird daher vielmehr einfach unter corona der Nimbus zu verstehen sein und zwar der Kreuznimbus, mit dem Christus immer zum Unterschiede von den Heiligen begabt wird.[4]) Diese Annahme liegt auch näher als die, die corona als Königskrone zu fassen. — Zu der Folgerung jedoch sind wir bei Betrachtung der Notizen des Mitralis berechtigt, dass er nicht mehr den älteren, sogenannten idealen Typus des Gekreuzigten vor Augen hat, sondern den, welcher sein Leiden betont.

Ebenso allgemein, wie die Bemerkungen über die Kreuzigung, ist die Notiz über die Darstellung der Himmelfahrt. Hier wird

---

1) Ausdrücklich wird dieser Zug auch erwähnt in dem Hymnus des Venantius Fortunatus: Pange lingua, Daniel, thesaurus hymnol. I, S. 159.

2) Mitralis, col. 43 B.

3) Otte, Kunstarchäologie I, 538, Anm. 1.

4) Mitralis, col. 43 A.

Christus gemalt ,in scalarum ascensu'. Dass jedoch dieser Ausdruck wörtlich zu nehmen sei, als sähen wir Christus eine Leiter oder eine Treppe hinaufsteigen, ist nach den bildlichen Darstellungen der Himmelfahrt nicht anzunehmen. Vielmehr ist er eine drastische Bezeichnung für jenen Typus, in welchem Christus mit mächtiger Bewegung nach oben schreitet, von der Hand des Vaters emporgezogen — eine Darstellung, welche insbesondere in der karolingischen Kunst zu finden ist.[1])

,Christus auf hohem Throne' bildet den Mittelpunkt, um den sich eine Reihe von Bildern gruppieren. Christi gegenwärtige Majestät und Macht soll zum Ausdrucke gebracht werden als dessen, der sagt: Mir ist gegeben alle Gewalt im Himmel und auf Erden Mtth. 28, 18). Angeknüpft wird diese Darstellung an die Vision des Propheten Jesaias; (VI, 1: vidi dominum sedentem super solium excelsum et elevatum); sie bietet nur das solium excelsum und die dabei stehenden Seraphim als charakteristische Merkmale. Sicardus erwähnt wirklich, dass die Seraphim um das Bild Christi gemalt würden, hält sich aber in ihrer Beschreibung durchaus an die Worte des Jesaias. Daher kehrt auch bei ihm der hier gegebene Zug wieder: velabant faciem eius, welcher schwerlich jemals Verkörperung finden konnte. Nur dass sie mit sechs Flügeln gemalt werden, wird von ihm bestätigt. Was er sonst darüber vorbringt, ist nur eine symbolische Erklärung der jesaianischen Worte: „sie wollen damit, dass sie Kopf und Füsse verhüllen, die Unfassbarkeit der Ewigkeit Christi andeuten. Denn wir vermögen nicht zu schauen, wie er das *A* und das *Ω* sei."[2]) Auch die Anführung der Psalmstelle (Ps. LXXIX, 2): „qui sedes super cherubim" dient bei Sicardus nur zur weiteren Illustration des theologischen Gedankens

[1]) So im Sacramentarium des Drogo bei Cahier, nouveaux mélanges d'archéologie (2. Bd.) 1874, p. 131. — Wie leicht der Ausdruck scalarum ascensus gewählt werden konnte, sieht man am besten aus dem Elfenbeinrelief zu München bei Förster, Denkmale, 3. Bd. (vgl. Westwood, fictile ivories, S. 337, No. 964.) — An der Richtigkeit der Lesart lässt sich nicht zweifeln; denn auch Mai, Spicil. Rom., giebt dieselben Worte.

[2]) Mitralis 41 A.

der Majestät Christi, nicht zur Erklärung der künstlerischen Vorstellung.

Die bildliche Verkörperung der maiestas domini wird weiter angeknüpft an die Vision des Moses und Aaron (Exod. XXIV, 1. 9). Christus wird danach super montem gemalt; zu seinen Füssen quasi opus sapphirinum et quasi coelum, cum serenum est. Die Darstellung „Christus auf dem Regenbogen“ hat an dieser Schriftstelle denselben Anhalt, wie an der der Apokalypse (Apc. IV, 3).[1])

Anschliessend an das Bild „Christus auf dem Throne“ erwähnt Sicardus Darstellungen von Michael mit dem Drachen, den vierundzwanzig Aeltesten der Apokalypse, den Aposteln und Evangelisten, den Heiligen, welche jenes Bild begleiten. Ueberall ist das Streben ersichtlich, diese mit Belegstellen aus der Bibel zu versehen oder ihnen eine moralisierende Bedeutung im Hinblick auf die Laien zu geben.

So ist Michael, den Drachen unter seine Füsse zwingend (suppeditans), eine Illustration von Joh. Apc. XII, 7. Der Vorgang wird historisch gedeutet auf den Kampf der guten und bösen Engel; allegorisch auf die Verfolgung der Gläubigen in der Kirche der Jetztzeit; mithin auf den Sieg des Guten über das Böse. Die Folge dieser Gedankenverbindung ist, dass dann Michael auf Christus selber gedeutet wird.[2]) Nach Beleth wird das Bild um der Laien willen in der Kirche deswegen gemalt, damit sie sehen, dass der Teufel aus der Kirche vertrieben sei.[3]) Der Drache ist demnach ein Bild für den Teufel und wird als solches ausdrücklich den Gläubigen vor Augen geführt.

Auch die Darstellung der vierundzwanzig Aeltesten bietet nur aus der Offenbarung entlehnte Züge. Sie sind zu verstehen als die doctores des Alten und Neuen Testaments; ihre Attribute sind die weissen Kleider und die goldenen Kronen. Ebenso wie die weissen Kleider auf die Unschuld, die Kronen auf die Liebe und Weisheit bezogen werden, werden auch die Lampen, welche hinzugefügt

---

[1]) Otte, Kunstarchäologie I, S. 514.

[2]) Beleth, cap. 154, 562b.

[3]) Beleth ebenda; nach ihm Durandus lib. VII, 12. § 7. Bl. 441.

werden, auf die Gaben des heiligen Geistes, und das gläserne Meer auf die Taufe symbolisch gedeutet, ohne dass diese Symbolik von Sicardus näher erklärt würde.[1])

Auch die Beschreibung der vier Evangelisten und ihrer Kennzeichen, welche die Offenbarung nach den vierundzwanzig Aeltesten aufzählt, ist der Bibel entnommen. Sicardus hält sich an die Weissagung Ezechiels. — Matthäus erhält das Attribut des Menschen, weil er anfangend mit dem Geschlechtsregister Christi dessen Menschheit betont. Marcus hat die Gestalt des Löwen, der in der Wüste brüllt, weil er mit der Predigt des Johannes in der Wüste beginnt und die Auferstehung Christi deutlicher als die übrigen Evangelisten erzählt. Lukas ist das Rind, weil er mit dem Priester Zacharias beginnt und auf Christi Leiden und Opfertod Gewicht legt; Johannes ist der Adler, weil er, zur Höhe fliegend, gesagt hat: in principio erat verbum und die Auferstehung bezeichnet. So werden die Symbole der Evangelisten mit dem Inhalte ihrer Bücher in Verbindung gebracht. Weil die Evangelisten Bücher geschrieben haben, werden ihren Symbolen Bücher zwischen die Füsse gemalt. Was ihre Stellung um den thronenden Christus herum betrifft, so wird auch sie nach Ezechiel bestimmt: Mensch und Löwe werden zur Rechten gesetzt (von Christus, nicht von dem Beschauer aus gesprochen); das Rind zur Linken. Der Adler erhält wegen der ascensio Christi oben seine Stellung; sein Platz ist darum links oben. Sicardus giebt dazu die Begründung: während Matthäus und Markus Christi Geburt und Auferstehung genau schildern, die allen zur gemeinsamen Freude gereichte[2]) und darum an der rechten Seite Platz finden, rückt Lukas auf die linke Seite, weil er Christi Leiden betont. Diese Anordnung der Evangelistenzeichen ist die weitaus gebräuchlichste.[3])

Ein Grund, warum Markus das Zeichen des Löwen erhält, wird auch von der Natur des Löwen hergeholt. Denn „der Löwe wird tot geboren und am dritten Tage durch die Stimme des Vaters

[1]) Apc. IV, 4—6.

[2]) Die Freude spricht aus: Psalm XXIX, 6: ad matutinum laetitia.

[3]) Otte, Kunstarchäologie I, 481, Anm. 1.

lebendig gemacht".[1]) Diese Bemerkung ist eine deutliche Herübernahme aus dem Physiologus. Fast dieselben Worte, die Sicardus hier gebraucht, finden sich in dem von Heider publizierten Physiologus nach einer Handschrift des Stiftes Gottweih aus dem 11. Jahrhundert. Die Beziehung des Löwenjungen, welches drei Tage und drei Nächte hindurch in schlafendem Zustande verbleibt, auf Christus, der drei Tage und drei Nächte im Schosse der Erde zurückgehalten wird, geht in die Zeiten des Origenes zurück.[2]) Sie findet ihre biblische Begründung in dem Segen Jacobs: catulus leonis Juda... requiescens accubuisti ut leo et quasi leaena: quis suscitabit eum? (Gen. XLIX, 9).[3]) Dass diese Beziehung im Mittelalter eine durchaus gebräuchliche war, zeigt Honorius von Autun in seinem speculum ecclesiae. In der Predigt am Ostertage sucht er für die Auferstehung Christi die Vorbilder in der Tierwelt. Bis in Einzelheiten hinein wird die Aehnlichkeit zwischen dem gestorbenen und auferstandenen Christus und dem Löwenjungen durchgeführt.[4]) — Daraus, dass Sicardus dieser Sage Erwähnung thut, sehen wir einerseits, wie geläufig diese Vorstellung den mittelalterlichen Theologen war; andererseits, dass sie ihnen zur Erklärung wie zum Beweise der Wahrhaftigkeit von Schriftstellen notwendig erschien. —

Zu der Darstellung des thronenden Christus tritt öfters die der Apostel. Ihre Stelle finden sie unter Christus (suspinguntur). Besondere Merkmale sind, dass sie manchmal mit langen Haaren gemalt werden und dass manchmal zur Erinnerung an die Ausgiessung des heiligen Geistes die über die einzelnen von ihnen ausgeteilten Zungen auf ihren Häuptern erscheinen.

Andere Heilige erhalten ihre gewöhnlichen Attribute: der Täufer wird als Eremit gemalt; die Märtyrer mit den Instrumenten ihrer

---

[1]) Mitralis ed. Migne 41, D. auch bei Durandus: VII, 44 de evangelistis § 4.

[2]) Vgl. Heider, die Romanische Kirche zu Schöngrabern etc. Wien 1855, S. 161, und andere dort angeführte Stellen. Der Physiologus in: Archiv zur Kunde österreich. Geschichtsquellen 1850, 2. Bd.

[3]) Vgl. Didron-Schäfer, Handbuch der Malerei vom Berge Athos. Trier 1855. S. 161, Anm. 1. Dort sind auch Darstellungen der Sage in Verbindung mit der Auferstehung Christi angegeben.

[4]) Honorius ed. Migne, Patrol. 172, col. 935 C.

Marter: Laurentius mit dem Roste, Stephanus mit Steinen; die Konfessoren mit den Abzeichen ihres Standes: die Bischöfe mit der Mitra, die Aebte mit der Kapuze, die doctores mit Büchern in den Händen; die Jungfrauen mit Lampen. Als allgemeine Kennzeichen der Märtyrer werden Palmen aufgeführt, weil diese den Sieg bedeuten; als Merkmal der Konfessoren die Lilie als Symbol der Keuschheit. Wegen dieser Bedeutung werden Lilien und Palmen auch besonders gemalt, ebenso andere Blumen und Früchte; auch diese ihrer Symbolik wegen.[1])

An der Darstellung des Paradieses und der Hölle, mit deren Erwähnung Sicardus seinen biblischen Bilderkreis schliesst, ist der lehrhafte Zweck der Kunst zumeist ersichtlich: das Paradies soll uns anlocken zum Genuss der Belohnungen, die Hölle abschrecken von der Qual der Folter. Dass die Tugenden in weiblicher Gestalt gemalt werden, ist wieder ethisch begründet: quia mulcent et nutriunt.

Einen einzelnen Punkt der Darstellung von Heiligen hebt er noch hervor: sie werden gekrönt gemalt. In welcher Weise dies geschehen solle, wird aus Exod. XXV, 25 geschlossen, wo corona und aureola unterschieden werden. Beides zusammengenommen führt zu der Darstellung des Nimbus in der Form eines runden Schildes. Die biblische Begründung dafür bietet Psalm V, 13: domine, ut scuto bonae voluntatis tuae coronasti nos.[2])

Sicardus spricht in diesem Zusammenhange auch von Werken der Skulptur, ohne jedoch anzugeben, welche Gegenstände durch dieselben dargestellt würden.

An diesen zusammenfassenden Bericht des Mitralis, wie er in seinem ersten Buche vorliegt, müssen noch zwei Notizen angeschlossen werden, welche Sicardus erst später bringt. Die eine betrifft die Darstellung der Jungfrau Maria: sie trägt auf den Bildern das lange schwarze Gewand der Nonnen zum Zeichen des contemptus amplexus virilis; dazu den Schleier als die sponsa Christi. Denn bei der Hochzeit verhüllen die Mädchen ihr Haupt. Diese beiden

---

1) Mitralis, col. 43 D.

2) Mitralis, col. 43 B.

Kleidungsstücke werden weiter bezogen: dieses auf die vita activa, jenes auf die vita contemplativa. Für diese beiden Arten des Lebens ist Maria das Vorbild (magistra).[1]) — Die andere Bemerkung bezieht sich auf die Illustration des Buchstabens T am Anfange des Messkanons tè igitur. Der Buchstabe diente zur Darstellung der Majestät des Vaters und des Kreuzes des Gekreuzigten. Beide Darstellungen, oder auch nur die eine von beiden, finden sich in manchen codices.[2]) —

Damit ist des Sicardus Bericht über die Gegenstände der Malerei erschöpft. Der Inhalt der Bildwerke war ihm das Wichtigere. Darum fehlen meistens die Angaben über die Einzelheiten der Darstellung, und wo er deren angiebt, greifen sie (mit einer einzigen Ausnahme) nicht über die Angaben der Bibel hinaus. Eine ausführliche Beschreibung eines einzelnen Bildes nach seiner Komposition und ihren einzelnen Teilen ist bei ihm nicht zu finden. So werden wir auch durch seinen Bericht nur wenig entschädigt für den fühlbaren Mangel an Ueberresten kirchlicher Wandmalerei des zwölften Jahrhunderts.

Die Darstellung Christi ist ihm der hauptsächlichste Gegenstand, den die Kunst verkörpern soll. Christi Erdenleben, seine gegenwärtige und zukünftige Herrlichkeit sollen die Mittel sein, dem lehrhaft-moralischen Zwecke der Kunst gerecht zu werden. Zur Illustration der Neutestamentlichen Heilsgeschichte dienen die Stellen, welche er aus dem Alten Testamente entnimmt. Darum erwähnt er keine Darstellungen aus dem Alten Testamente. Nur die Bemerkung findet sich, dass unter den vierundzwanzig Aeltesten der Apokalypse auch die Doktoren des Alten Testaments zu verstehen seien. Wie in den Gedanken der Theologie das Neue Testament den Mittelpunkt bildet, so auch in den Darstellungen der Kunst.[3])

---

[1]) Mitralis 61 A.

[2]) Mitralis 124 C. Vgl. Otte, Kunstarchäologie I, 539. Auch Beleth erwähnt die Darstellung der Kreuzigung am Buchstaben T. cap. 46. Bl. 509 b. Durandus lib. IV, 35 § 10.

[3]) Auch über Darstellung von Tieren und deren Bedeutung sagt er nichts. Beleth erwähnt cap. 85 (und nach ihm Durandus lib. I, 3 § 5), ohne jedoch näher darauf einzugehen, dass über der Kirche ein Hahn oder Adler, vorn an der Thür Rind und Löwe angebracht würden. In der Kirche selbst seien verschiedene Arten von Kunstwerken: icones, statuae, figurae (Porträte, Statuen, andere Skulpturarbeiten;

Sicardus' Ausführungen hat Durandus fast wörtlich aufgenommen. Auch Beleths Bemerkungen finden sich bei ihm. Er hat beider Berichte unvermittelt nebeneinander gestellt, so dass er wie Beleth zuerst von einer dreifachen Art der Darstellung Christi spricht; dann aber, um auch Sicardus' Worte beizubringen, diese Einschränkung fallen lässt. Er fügt nur wenig Neues hinzu. Es ist notwendig, dies herauszuheben, damit das ihm Eigentümliche ersichtlich werde. Denn der grösste Teil seines Berichtes hat sich als etwa ein Jahrhundert älter erwiesen.

Durandus bezeugt die Darstellung Christi in der Gestalt eines Lammes. Er verwirft sie, wenn es sich darum handle, den Gekreuzigten zu bilden. Ein Lamm am Kreuze dürfe nicht gemalt werden; aber es schade nichts, wenn da Christus als Mensch dargestellt wäre, das Bild eines Lammes unten oder hinten hinzuzufügen. Damit wendet er sich gegen den Papst Hadrian, welcher die Darstellung des Lammes als Symbol für Christus überhaupt nicht gelten lassen will.[1]) — Zwölf Schafe bedeuten die Apostel oder die zwölf Stämme Israels; werden mehr oder weniger Schafe um den Thron Christi gemalt, so ist es die Darstellung des Gerichtes nach dem Gleichnisse von den Schafen und Böcken, Mtth. XXV, 31—46.[2]) Von Bartholomäus und Andreas wird später eine genaue Beschreibung gegeben. Die Beschreibung des Bartholomäus ist aus der lateinischen passio Bartholomaei entlehnt, wo der Dämon Berith über seine äussere Erscheinung Auskunft giebt:[3]) capilli nigri et crispi; caro candida, oculi grandes, nares coaequales et directae, barba prolixa, habens paucos canos, statura aequalis, collobio albo elevato et purpura vestitur, induitur albo pallio, quod per singulos angulos habet gemmas purpureas.[4]) Diese Stelle hat

dazu Stickereien an Gewändern, Wand- und Glasmalereien. Altar, Chor und der übrige Teil der Kirche werden mit den verschiedenartigsten Teppichen und Tapeten etc. geschmückt (cap. 85 und 115; Sicardus spricht auch von tapetibus historiatis, Mitr. col. 44 B).

[1]) Durandus I, 3, § 6.

[2]) Durandus I, 3, § 10.

[3]) Lipsius, Apokryphe Apostelgeschichten II, 2 S. 66.

[4]) Durandus VII, 25.

auch Jacobus de Voragine wörtlich in seine legenda aurea aufgenommen.[1]) — Die Beschreibung des Andreas hat Durandus aus Beleth entlehnt: Andreas niger fuit colore, barba prolixa, staturae mediocris. Er meint auch, wie dieser, dass man von allen Aposteln eine Beschreibung geben müsse, damit man wisse, wie sie in der Kirche zu malen seien. Er hat dies zu thun unterlassen: offenbar haben ihm seine Vorlagen darüber keine Auskunft gegeben.[2]) — Einige der Apostel werden, wie die Patriarchen und Propheten, mit Rollen in den Händen gemalt; denen, welche eine von der Kirche approbierte Schrift verfasst haben, giebt man Bücher: so Paulus, den Evangelisten, Petrus, Jacobus und Judas. Paulus erhält dazu noch das Schwert als der Streiter Christi (auch IV, 16 § 9). Paulus wird dem Erlöser zur Rechten, Petrus zur Linken gestellt (auch VII, 44 § 7). Die Beschreibung des Markus wird in dem Kapitel über die Evangelisten nachgeholt: es heisst da: Marcus fuit longo naso, subducto supercilio, pulcher oculis, calvus, barba prolixa, habitudinis optimae, aetatis mediae, canos aspersus.[3]) — Die göttliche Majestät, d. i. der thronende Christus, wird teils mit offenem, teils mit geschlossenem Buche gemalt. Beides sind apokalyptische Vorstellungen. (Apc. V.) Das offene Buch deutet auf Christum als den Lehrer des Lebens. — Die Engel, die diesem Bilde beigegeben werden, werden wie immer jugendlich gemalt; denn sie altern niemals.[4]) — Zu den Bemerkungen des Sicardus über den Nimbus fügt Durandus hinzu den quadratischen Nimbus bei lebenden Personen (Heiligen oder Prälaten). — Das Kennzeichen der Synagoge bildet der zerbrochene Fahnenschaft.[5]) —

Das Vorstehende giebt die ikonographischen Notizen, welche sich im Anschluss an wirkliche bildliche Darstellungen bei Sicardus

---

[1]) Legenda aurea ed. Graesse, cap. 123, S. 540.

[2]) Beleth cap. 164 (568a) Durandus VII, 38, 1.

[3]) VII, 44 § 4.

[4]) Ebenso die Bemerkung des Sicardus: angeli reflorent semper iuvenili aetate, 59 C.

[5]) Durandus IV, 16 § 11.

und Durandus finden.[1]) Auf Vollständigkeit in der Beschreibung des Bilderkreises, der zu ihrer Zeit der herrschende war, macht keiner von beiden Anspruch. Denn wie Sicardus nur die gebräuchlicheren Darstellungen geben will, so schaltet auch Durandus die Bemerkung ein, dass der Maler verschiedene Geschichten des Alten wie des Neuen Testaments nach seinem Belieben male.[2]) Danach bestimmt sich auch, welche Bedeutung den beiden Berichten beizulegen sei. Sie können uns wohl einen oberflächlichen Blick gestatten in den dermaligen Stand kirchlicher Kunst und in die Anschauungen, welche in den Theologen lebten; aber für die Erkenntnis des Stils der Kunstwerke und für die Bestimmung ihres Alters bieten sie keinen genügenden Anhalt. Auch die ausführliche Erörterung der Frage, ob Christus mit vier oder drei Nägeln gekreuzigt wurde, welche sich bei Durandus findet[3]), lässt nur den Schluss zu, dass beide Vorstellungen zu seiner Zeit üblich waren und ihre tiefe Bedeutung empfingen. Er begründet es auch, warum bei drei Nägeln der rechte Fuss über den linken zu legen sei.[4])

Hier mögen auch die Erörterungen Platz finden, welche Sicardus über das Aeussere der auferstandenen Toten giebt. Sie geben Anhalt für die bildliche Darstellung, wenn er auch nicht sagt, dass seine Angaben sich auf ausgeführten Bildern fänden. ‚Wir werden den Engeln gleich sein, wenn wir ins Himmelreich kommen.‘ Daraus folgt, dass die Auferstandenen in jugendlicher Gestalt gedacht werden.[5]) Weisse Kleider werden den Engeln

---

[1]) Der Bericht des Durandus ist benutzt von Schnaase, Geschichte der bildenden Künste, 4. Bd., 2. Aufl., an verschiedenen Stellen von S. 263 an. — Zu den oben angeführten Stellen kommen hinzu:

Die Darstellung des Jahres: ein Drache, der in seinen Schwanz beisst; Durandus leitet die Darstellung von den Aegyptern ab; fügt aber ausdrücklich hinzu, dass sie auch jetzt noch vorkomme (VIII, 3, § 1.)

Janus bifrons pingitur VIII, 4, § 3; cf. VI, 15 § 17 (wohl nur eine Reminiszenz aus der Lektüre).

[2]) I, 3, § 22.

[3]) VI, 77, § 24 und 25.

[4]) Ad significandum quod spirituales affectiones per pedem dextrum significatae superesse et dominari debent terrenis, per sinistrum significatis.

[5]) Mitralis, col. 59 C.

nach der Bibel gegeben (z. B. Joh. XX, 12).[1]) Darum werden auch die Toten nach der Auferstehung bekleidet erscheinen. Noch andere Gründe giebt er in dem Kapitel de exequiis mortuorum dafür an: den Toten würden nach der Sitte der Kirche Kleider angezogen; Christus sei bei der Verklärung in schneeweissen Kleidern und auch nach der Auferstehung bekleidet erschienen. Beleth, der diese Frage, ob die Toten nackt oder bekleidet sein würden, auch aufwirft, lässt sie unentschieden: es könne ja auch möglich sein, dass die Auferstandenen nackt seien; denn sie würden dann dieselbe Gestalt haben wie Adam vor dem Falle, der auch nackt gewesen sei. Ihm folgt Durandus.[2]) Beleth ist die Entscheidung dieser Frage ziemlich gleichgiltig: ihm kommt es darauf an, dass nach dem Tode keine Hässlichkeit noch Krankheit sein werde. — In bildlichen Darstellungen scheint als Regel beachtet, die Auferstehenden nackt, höchstens mit dem Abzeichen ihres einstigen Standes; die Seligen mit langen Kleidern und die Verdammten wieder nackt zu bilden. —

Das Ergebnis bei der Betrachtung des Berichts des Sicardus war, dass für ihn der Inhalt der Kunstgegenstände den Schwerpunkt bildete, nicht die Form. Der Gedanke des Kunstwerks steht ihm höher, als seine äussere Darstellung. Dasselbe ergiebt sich bei einem Blick auf das, was er über das Kirchengebäude, den Altar etc. sagt.

Die Symbolik des Kirchengebäudes, des Altars, der kirchlichen Gerätschaften, der heiligen Kleider.

Das Kirchengebäude, seine einzelnen Teile, die Gerätschaften, die Kleider werden durchweg symbolisch erklärt. Sicardus ist bemüht, allem, auch den geringfügigsten Einzelheiten eine tiefe Bedeutung zu geben. Um das Wesen dieser Symbolik kennen zu

---

[1]) Durandus VI, 86, 6.

[2]) Mitralis col. 427 C. u. D. Beleth cap. 159 (564a). Durandus VII, 35 § 41 (458 a) (Ausdrücklich wird hervorgehoben, dass Christus in passione nudus gewesen VI, 74, § 18; nach der Auferstehung bekleidet und so gen Himmel gefahren sei, VII, 35, 41.)

lernen, gilt es den Prinzipien nachzuforschen, von denen er ausgeht. Daraus lässt sich erkennen, welche Bedeutung der Symbolik für die Ikonographie einzuräumen ist.

Das Kirchengebäude leitet seinen Ursprung her von der Stiftshütte des Moses und dem Tempel Salomos.[1]) Die Stiftshütte ist ein Bild der ecclesia militans, der Tempel Salomos das der ecclesia triumphans. Beide Bedeutungen werden auf das einzelne Kirchengebäude übertragen; es ist darum ein Abbild der ecclesia universalis. Dies ist der leitende Grundgedanke; ihm ordnen sich die Bedeutungen der einzelnen Teile unter. Besondere Formen des Kirchengebäudes erhalten noch eine Nebenbedeutung: so zeigen die Kirchen in Kreuzform an, dass wir der Welt gekreuzigt werden und dem Gekreuzigten folgen müssen; die kreisförmigen Kirchen, dass die Kirche über den Erdkreis ausgebreitet sei. Diese zwei Deutungen sind nur ein Spiel mit Begriffen; sie knüpfen an einzelne Worte an.

Tiefer greifend und dem Grundgedanken mehr entsprechend ist die Deutung des Fundamentes. Dies ist Christus (1. Cor. III, 11; Matth. XVI, 18). Im Fundamente liegt der mit einem Kreuze versehene Grundstein.[2]) Ueber Christus, dem fundamentum fundamentorum, liegt das Fundament der Apostel und Propheten (Eph. II, 20). Die Deutung des Fussbodens knüpft an den Zweck desselben, die auf ihn Tretenden zu ertragen: er ist das Volk, durch dessen Arbeit die Kirche unterhalten wird. Die unterirdischen Krypten sind die Eremiten als die Pfleger eines verborgenen Lebens: die Verborgenheit ist der Vergleichungspunkt. Von da geht die Deutung weiter: Länge, Breite, Höhe der Krypta werden in Bezug auf die Eremiten erklärt. Die kreuz- oder kreisförmige Form derselben veranlasst dieselben Ausführungen, wie die entsprechenden Formen der Kirche. — Die steinernen, durch den Mörtel zusammengehaltenen Mauern sind die Gesellschaften der in Glauben und Werken starken Frommen, die durch das Band der Liebe vereinigt sind. Die Grossen stützen die Kleinen, die Starken die Schwachen. Bis ins Kleinste

[1]) Die nähere Ausführung dieses Gedankens findet sich lib. I, cap. 1.
[2]) Lib. I, cap. 2.

wird der Gedanke des Zusammenhaltens durchgeführt, so dass selbst die einzelnen Bestandteile des Verbindungsmittels, des Mörtels: Kalk Wasser Sand eine geistliche Deutung erfahren. Die Vierzahl der Mauern weist auf die vier Teile der Welt oder auf die vier Tugenden. Der Gedanke, dass die Mauern von der Aussenwelt abschliessen, bedingt ihre Deutung auf die heiligen Schriften, mit denen ‚wir die importunitas haereticorum ausschliessen'.

Der Zweck der Fenster, das böse Wetter abzuwehren und Licht hinzuzuführen, ist die Veranlassung, in ihnen die Doktoren zu sehen: denn diese leisten dem Sturm der Häresien Widerstand und führen den Gläubigen der Kirche Licht zu. Das Glas der Fenster erhält die verschiedenartigste Deutung: entweder ist es der Geist der Doktoren oder die fünf Sinne des Körpers oder die heilige Schrift.

Die Thür der Kirche ist Christus, als der Weg, durch den man zum Vater kommt.[1]) Die Thürflügel sind wieder die Apostel, durch deren Predigt wir zum Glauben und durch den Glauben zur Seligkeit getragen werden. (portare wird in Zusammenhang gebracht mit porta.) Die Deutung der Thüre auf Christus hat ihr Zweck, abzuhalten und einzulassen, veranlasst; denn Christus wehrt den Ungläubigen den Zutritt zu seinem Reiche, aber die Gläubigen führt er hinein.

Die cancelli sind die Propheten und andere ‚obscuri doctores' der streitenden Kirche; an ihnen finden sich wegen der zwei Gebote der Liebe doppelte Säulchen, weil die Apostel zu zwei zum Predigen ausgesendet werden. Die Deutung der pulpita knüpft an die Beziehung dieses Wortes: quasi publica. Der Redner tritt vor die Oeffentlichkeit; darum ist das Pult das Leben der Vollendeten. Die Säulen, welche das Haus stützen, sind die Bischöfe, welche die Kirche durch Wort und Leben erhalten. Nach Provv. IX, 1 muss ihre Zahl mindestens sieben erreichen. Ihre Basen sind die apostolischen Männer, die die gesamte Kirche tragen; die Kapitäler

---

[1]) Hier sind die Etymologien beachtenswert, welche ebenfalls dazu dienen müssen, den Zweck des Wortes zu illustrieren: ostium dicitur ab obstando vel ostendendo, vel ab hostibus; fiunt enim ostia, ut hostes repellantur et hospites admittantur. col. 21 B.

(— es werden capita und capitella besonders genannt —) sind der Geist der Bischöfe und die Worte der heiligen Schrift.

Ebenso bekommen die Balken, die Dachziegel, die Schnecken in den Mauern u. s. w. mit Rücksicht auf den Zweck, dem sie dienen, ihre bestimmte Bedeutung.

Die Zahl der Türme ist verschieden. Ein Turm bezeichnet das Leben der Prediger oder den Prediger selber; zwei Türme sind die zwei Gesetze; vier Türme sind die vier Evangelisten, und zwar die beiden vorderen Matthaeus und Johannes, die beiden hintern Lukas und Marcus. Sie können auch die Prediger bedeuten. Auch dass ein Hahn oder ein Kreuz auf den Turm gesetzt wird, giebt Anlass zu symbolischen Erklärungen.[1])

Wie das Kirchengebäude das Abbild der ecclesia universalis ist, so ist sein vornehmstes Stück, der Altar, Christus selber. Die Idee des Opfers bringt die Deutung hervor; sie beherrscht die historische Ausführung über die Männer, welche Altäre errichtet haben. Darum repräsentieren die Altäre das Kreuz des Herrn und die Opfertiere, die auf ihnen geschlachtet werden, bedeuten wieder Christus, der am Kreuze unsere Sünden trug. Nebenher geht die Erklärung der verschiedenen Materiale, der Steine oder des Goldes, aus denen der Altar gefertigt wird. Die Stufen, die zum Altar führen, sind die Märtyrer, die aus Liebe zu ihm ihr Blut vergossen haben (ascensus purpureus: cant. III, 10.) — Eine andere Deutung vergisst den Gedanken des Opfers und knüpft an die Eigenschaften des Materials an: der Altar ist das Herz jedes Gläubigen, das steinern ist durch die Festigkeit des Glaubens, golden durch die Mitgift der Weisheit. Die Stufen sind infolgedessen die Tugenden.

Es ist Sinn in diesen Ausführungen des Symbolikers; abgesehen von einzelnen Spielereien, die bei solchen Erklärungen naturgemäss unterlaufen müssen, befolgt er streng die Gesetze der Logik. Denn die Deutungen sind zumeist nicht willkürlich; sie haben den Zweck des zu symbolisierenden Gegenstandes scharf im Auge und knüpfen

[1]) Durandus ist Sicardus in den meisten Ausführungen gefolgt; manches kürzt, manches erweitert er. Die ursprünglicheren Ausführungen des Sicardus lassen leichter erkennen, von welchen Gedanken aus die Symbolik sich bewegt. (Durandus liber I, cap. 1: de ecclesia et eius partibus.)

sich an ihn. Der materielle Gegenstand ist ein Bild des geistigen Gegenstandes, der in dem Bereiche des Unsichtbaren demselben Zwecke dient wie jener im Bereiche des Sichtbaren. Daher kommt es denn auch, dass dieselbe Deutung oft wiederkehrt; ja es drängen alle Deutungen auf die eine zu, welche für den mittelalterlichen Theologen die tiefste und letzte ist: Christus und die Kirche.

Dieser letztere Umstand erklärt es auch, warum nur die allgemeinsten Bezüge zwischen der Symbolik der einzelnen Kirchenteile und dem an ihnen anzubringenden bildlichen Schmucke stattfinden können. Es kommen nur die Teile der Kirche in Betracht, welche geeignet sind, bildlichen Schmuck aufzunehmen: vornehmlich die Thür der Kirche, die Fenster und der Altar. Wollte der Künstler von den Gedanken des Symbolikers ausgehen, so hätte er an der Thür eine Darstellung von Christus als Lehrer, Darstellungen aus dem Leben Christi und Darstellungen der Apostel anbringen müssen. Die Glasgemälde der Fenster müssten Szenen aus dem Leben der Doktoren oder bloss die Gestalten der Doktoren bringen. Der Altar wäre der Platz für eine Darstellung des Kreuzestodes. — In einzelnen Fällen mag sich nachweisen lassen, dass der Gedanke des Symbolikers für den Künstler massgebend gewesen ist: in den meisten Fällen darf er höchstens als Anknüpfungspunkt für den Künstler gelten, wie ein Blick auf die Mannigfaltigkeit des Schmuckes an Altären und Portalen zeigt.

Deutlicher als hier tritt der Einfluss symbolischer Gedanken auf den Künstler bei einzelnen Kirchengeräten entgegen. Diese führen ihren Ursprung sämtlich zurück auf die Gefässe, welche sich in der Stiftshütte Mosis und dem Tempel Salomos befanden. (Exod. XXV, III Regum VII). Wie diese vorbildlich waren für die Gerätschaften der Kirche des Neuen Bundes, so werden auch die Kirchengerätschaften auf etwas Höheres bezogen: auf das himmlische Jerusalem. Zwar findet sich die Deutung des Rauchbeckens auf das himmlische Jerusalem, wie sie von Theophilus presbyter[1]) gegeben wird, bei Sicardus nicht vor. Doch ist jedenfalls von

---

[1]) Diversarum artium schedula III, 59 u. 60 ed. Ilg, pp. 246—261 (auch in den Annales archéologiques 1848, VIII, 95—104).

seiner Deutung bis zu der jenes kein weiter Weg. Denn sie knüpft an den Wohlgeruch an, der aus dem Gefäss steigt, und den Rauch, der in die Höhe wirbelt. So ergeben sich die Deutungen auf die Gebete, die Christus gethan hat, oder auf die Apostel und Prediger oder endlich auf das menschliche Herz. Die verschiedenen Eigenschaften des im Fleische lebenden Christus zeigt das Gefäss, je nachdem es von Gold oder Silber, Kupfer oder Eisen ist. Ueber die äussere Gestalt lässt sich nach dem, was Sicardus sagt, nur bestimmen, dass er es sich kreisrund angelegt denkt; von äusserem Schmuck spricht er nicht.[1]) Darum lassen sich auch aus den Aeusserungen des Sicardus die mannigfach verschlungenen Drachen und Bestien, mit denen Rauchfässer geschmückt werden, nicht erklären; ebensowenig wie die Tiergestalten an Leuchtern.

Denn auch das, was Sicardus über Leuchter sagt, geht nicht über die Bemerkungen anderer Symboliker hinaus. Er hat wie diese nicht die Form des Leuchters, sondern seinen Zweck im Auge. Der Leuchter spendet Licht: Christus erleuchtet jeden Menschen, der in diese Welt kommt; auch die Kirche selbst zeigt den Irrenden das Licht. Somit ist die Deutung des Leuchters auf Christus und die Kirche gegeben. Beide Erklärungen wechseln. Die einzelnen Teile des Leuchters werden im Anschluss an Exodus XXV, 31—39 aufgeführt. Auch sie erfahren symbolische Deutungen, die in Zusammenhang gebracht werden mit der Grundbedeutung des Leuchters. So wird jede Lampe des siebenarmigen Leuchters ein Bild Christi. Aber deren Siebenzahl veranlasst auch die Deutung auf die sieben Gaben des heiligen Geistes. — Es ist ohne weiteres ersichtlich, dass diese Bemerkungen für die Erklärung des Bilderschmuckes an Leuchtern nur geringe Ausbeute geben können. Dazu kommt noch der Umstand, dass Sicardus nicht sowohl in seiner Zeit gefertigte Leuchter beschreibt, sondern sein Hauptaugenmerk darauf richtet, den Bericht der Bibel über den Kandelaber der Stiftshütte zu kommentieren.

Aber auch bei der Erwähnung des Kronleuchters, von dem er ausdrücklich bezeugt, dass er nach dem Bilde des himmlischen

[1]) Mitralis, col. 49.

Jerusalems verfertigt würde, giebt er keine ausführliche Beschreibung. Er beschränkt sich darauf, die Materialien zu nennen, aus denen er gemacht wird, und ihnen ihre Deutung zu geben: das Gold sind die Märtyrer, das Silber die Jungfrauen, das Erz die Doktoren, das Eisen die Enthaltsamen, die Edelsteine die, welche in den fünf Tugenden leuchten; die Kette die Kontemplation und der oberste Ring Gott, der alles zusammenfasst. Es lässt sich nicht nachweisen, dass diese speziellen Erklärungen auf die bildnerische Ausgestaltung des Kronleuchters Einfluss gehabt hätten. Denn dafür ist, soviel sich aus den uns erhaltenen romanischen Kronleuchtern sehen lässt, immer die apokalyptische Stelle massgebend gewesen (Apc. XXI, 10 ff.), soweit sie sich künstlerisch verwerten lässt. Die figürlichen Darstellungen, welche hier geboten werden, sind die Darstellungen der Apostel, welche sich auch an mehreren der Kronleuchter vorfinden. Weitere Aufschlüsse über figürlichen Schmuck werden teils in den Kommentaren zu dieser Schriftstelle, teils in poetischen, resp. rednerischen Erzeugnissen, welche vom himmlischen Jerusalem handeln, zu suchen sein.

Von den verschiedenen Bedeutungen, welche dem Kelche gegeben werden, kann nur die eine darauf Anspruch machen, zur Erklärung für den Bilderschmuck an Kelchen zu dienen: der Kelch bezeichnet die Passion. Damit wäre für den Kelch eine Darstellung des Todes Christi gefordert. Aber diese Bedeutung ist nur eine neben andern; für Sicardus nicht einmal die wichtigste. Auch sie giebt nicht den nötigen Aufschluss.

Rauchfass, Leuchter, Kelch sind unter den Kirchengeräten diejenigen, welche am öftesten mit figürlichem Schmucke verziert sind. Die übrigen sind, auch in Bezug auf ihre Verzierung, von untergeordneter Bedeutung. Aber auch diese werden durchweg symbolisch gedeutet. Doch bewegt sich ihre Symbolik in denselben Bahnen, wie die der oben besprochenen Geräte; sie bietet darum nichts Neues. Dasselbe Resultat liefert eine Betrachtung der Symbolik der heiligen Gewänder. Auch diese knüpft teils an den Zweck, teils an die äussere Gestalt, teils — und zwar meistens — an die Farbe der einzelnen Gewänder an. Aus ihr lassen sich keine näheren Angaben, am allerwenigsten Grundsätze für figürlichen Schmuck priesterlicher Kleidung entnehmen, zumal dieser nicht eben häufig zu finden ist. —

Das Resultat der Untersuchung, was die symbolischen Erklärungen des Sicardus zur Erklärung der betreffenden Kunstgegenstände liefern können, ist im wesentlichen ein negatives gewesen. Und auch da, wo ein wirklicher Zusammenhang zwischen Symbolik und künstlerischer Gestaltung behauptet werden konnte, lassen sich von jener aus nur die allgemeinsten Grundsätze für diese entnehmen. Das liegt in dem Wesen der Symbolik: sie will stets die tiefste Bedeutung eines Gegenstandes ergründen. Darum lässt sie die äussere Form dieses Gegenstandes ausser Acht und knüpft sich an seinen Zweck; mit andern Worten: der „Gedanke" des Kunstwerks — wie man seinen Zweck auch nennen kann — ist ihr die Hauptsache.

Die Bedeutung des Mitralis als Quelle für symbolische Erklärungen wird dadurch beeinträchtigt, dass diese sich schon vor seiner Zeit finden. So findet sich die Deutung des Kronleuchters auf das himmlische Jerusalem schon bei dem etwa zwei Menschenalter vor Sicardus schreibenden Honorius.[1]) Auch der Umstand, dass der bedeutendste romanische Kronleuchter, der im Münster zu Aachen, welcher nach seiner Inschrift die himmlische Stadt zum Vorbilde genommen hat, am Ende des zwölften Jahrhunderts geschaffen worden ist, beweist, dass in jener Zeit symbolische Gedanken nichts Neues waren. Denn es erfordert immer geraume Zeit, ehe ein einmal ausgesprochener Gedanke die mustergiltige bildnerische Verkörperung gefunden hat.

Im vorstehenden sind die Notizen aufgeführt, welche sich bei Sicardus über Kunstgegenstände finden, und zwar unter dem Gesichtspunkte ihrer ikonographischen Bedeutung. Jedoch sind Notizen solcher Art nicht der einzige Gegenstand, den man zu berücksichtigen hat, wenn man von einem mittelalterlichen Schriftsteller Auskunft über den Inhalt der Bildwerke seiner Zeit haben will. Die grosse Schweigsamkeit litterarischer Quellen des Mittelalters über Sinn und Geist ausgeführter Kunstwerke nötigt, einen weiteren

---

[1]) Gemma animae, cap. 141. Migne, 172, col. 588 B.

Schritt zu thun und zu untersuchen, in welcher Weise die aus der Bibel genommenen Szenen und Personen von dem Theologen Sicardus verwendet worden sind. Es gilt, die dem Mittelalter eigentümlichen Grundsätze hervorzuheben, nach welchen einzelne biblische Szenen erzählt oder erklärt; die leitenden Grundgedanken zu finden, nach welchen mehrere Szenen oder Personen zusammengestellt wurden. Diese Untersuchung muss geschehen, ohne dass zunächst auf Bildwerke Rücksicht genommen werde. Räumt man jedoch theologischen Gedanken Einfluss auf die figürliche Ausstattung, zum Beispiel von Kirchenportalen, ein, so ist von vornherein ersichtlich, dass die Prinzipien des Theologen sich wiederfinden müssen in den Schöpfungen des Künstlers. — Somit werden die Fragen beantwortet werden müssen: wie erzählt Sicardus biblische Geschichten: welche der biblischen Erzählung fremde, erst nachträglich einverleibte Züge finden sich bei ihm? Wie und für welche einheitlichen Gedanken wählt er Szenen oder Personen der Heilsgeschichte aus?

Die Erweiterung biblischer Erzählungen; ihre Auswahl und Zusammenstellung.

Sicardus bespricht vom fünften bis zum achten Buche die Offizien der einzelnen Sonntage des Kirchenjahres. Er nennt nicht nur die einzelnen Gesänge, wie Responsorien und Antiphone, sondern auch die betreffenden Lektionen. Es ist sein Bestreben, den inneren Zusammenhang derselben untereinander nachzuweisen und dann sie in Einklang zu bringen mit der Bedeutung, welche dem einzelnen Sonntag infolge seiner Stellung im Kirchenjahre gegeben wird. Darum liefert Sicardus zugleich mit der Aufzählung der Schriftabschnitte eine kurze Exegese derselben. Nach dem ganzen Zwecke des Mitralis ist diese dazu bestimmt, zunächst von den Geistlichen benutzt und dann durch diese den Laien vermittelt zu werden. Darum sind diese Ausführungen des Sicardus durchaus Predigten verwandt: was diese zur Erklärung des Inhalts mittelalterlicher Kunstschöpfungen zu leisten imstande sind, werden auch jene — wenigstens in bedingtem Masse — bieten können. Jedoch ist immer festzuhalten, dass Sicardus nirgends die Absicht verrät, ausgeführte Predigten zu geben, sondern dass wir nur das Gerippe der Predigten bei ihm finden können.

Daraus erklärt es sich auch, dass er sich strenger an den Wortlaut der biblischen Erzählungen hält als die Predigten seiner Zeit. Nur wenige Züge finden sich bei ihm, welche über den Bericht der Bibel hinausgehen. Nirgends gewahren wir bei ihm die Sucht, den einfachen biblischen Bericht mit legendenhaften Zügen auszustatten oder durch Erfindungen eigener Phantasie anschaulicher zu gestalten. Um so eher darf angenommen werden, dass die von ihm gegebenen Erweiterungen des biblischen Berichts, da sie ohne besondere Absicht beigebracht sind, ein dem Gedankenkreise vieler damals Lebenden gemeinsames Besitztum waren.

Bei der Besprechung des Epiphanienfestes giebt Sicardus Ausführliches über die Magier. Er nennt sie nicht ausdrücklich Könige, sondern leitet ihren Ursprung nur ab aus dem Geschlechte des Königs Zoroastes. Er erklärt sie für mathematici. Dass ihrer drei gewesen sind, steht ihm fest. Sie gelten als Vertreter der über die drei Erdteile Asien, Afrika, Europa verstreuten Heiden. Ihre drei Gaben — deren Aufzählung in der Bibel die Dreizahl der Magier veranlasst hat — bergen tiefe Bedeutung: das Gold weist auf den König, der Weihrauch auf den Gott, die Myrrhe auf den Menschen Christus, an den sie glauben. Sicardus wirft die Frage auf, warum sie so schnell, schon am zwölften Tage nach der Geburt Christi, nach Bethlehem hätten kommen können, und findet die Antwort darin, dass sie auf Dromedaren, Tieren, welche Kamelen ähnlich, aber schneller als diese seien,[1]) gekommen wären — ein Zug, der schon frühzeitig in bildnerische Darstellungen der Anbetung der drei Weisen übergegangen ist. Die Frage, welche Sicardus auch aufwirft, was aus dem Sterne geworden sei nach Erfüllung seiner Aufgabe, und beantwortet, hat für bildliche Darstellung keine Bedeutung. Auch Johann Beleth bringt fast alle diese Züge: dazu spricht er noch von drei Königen und vermutet, sie seien nicht

[1]) Diese Erklärung ist veranlasst durch die Etymologie: dromedarius von δρόμος = cursus und ἀρετή = virtus. Mitralis, 235 D.

allein gekommen, sondern hätten ein grosses Gefolge von Fürsten mitgebracht.[1]) Die Namen bietet weder Sicardus noch Beleth.

Die einzelnen charakteristischen Züge finden sich zusammengefasst in der legenda aurea des Jacobus de Voragine,[2]) die man ja einen in vielen Beziehungen abschliessenden Bericht über die Legenden des Mittelalters nennen kann. Sie bringt auch die einzelnen Namen: Kaspar, Balthasar, Melchior. Doch unterscheidet sie die Könige weder nach ihrem Alter, noch nach ihrer Race. Auskunft darüber giebt ein Gebet zu den drei Königen, von einer Hand des dreizehnten Jahrhunderts geschrieben.[3]) Die Reihenfolge der Namen ist: Melchior, Kaspar, Balthasar. Melchior, als Greis gedacht (cui deus concessit mentis et corporis canitiem), mit violetter Tunika und gewirktem Mantel, bringt das Gold; Kaspar, jugendlich und angenehm, in leinenem Kleide, den Weihrauch, und Balthasar, schwarz, in roter Tunika, mit verschiedenartigem Schuhwerk, die Myrrhe. Es lässt sich jedoch nicht beweisen, dass diese Art, die Magier darzustellen, die allein übliche gewesen wäre. Denn in allen Einzelheiten findet sich auf Bildern grosse Verschiedenheit.[4]) —

Eine Erweiterung biblischer Ideenkreise ist auch die von Dionysius Areopagita aufgestellte Einteilung der Engel in neun Klassen. Sie ist vollständig in das Bewusstsein des Sicardus übergegangen, so dass er sie nicht nur öfter erwähnt, sondern sie auch zum Beweise für manche liturgische Einrichtungen heranzieht: die Neun-, bezw. Dreizahl ist dann das Beweiskräftige. Die Namen einiger Engelklassen sind enthalten in der dem Messkanon voraufgehenden Präfation, durch welche Engel und Menschen gemeinsam dem Könige Lob singen.[5]) Durch diese Präfation werden die Namen den Gläubigen bekannt. Die Engelklassen, welche erwähnt

---

[1]) Beleth, cap. 73 am Ende (523 b).

[2]) Legenda aurea ed. Grässe cap. XIV, S. 88. Durandus (VI, 16, 2) nennt ebenfalls die Namen, doch in der Reihenfolge: Gaspar, Melchior, Balthasar.

[3]) Die Visionen der hl. Elisabeth von Schönau. Hrsgeg. von Roth. S. 176.

[4]) Vgl. Otte, Kunstarchäologie I, S. 580.

[5]) Durandus IV, 33, § 2 (147 b); hier auch die Namen und Geschäfte der (4) Erzengel.

werden, schliessen die nicht erwähnten mit ein: unter den angeli sind auch zu verstehen die archangeli; unter den potestates die principatus, unter den seraphim die cherubim; die coeli bezeichnen die throni coelorumque virtutes. An dritter Stelle werden, die Neunzahl voll zu machen, die dominationes genannt.[1])

Mit den neun Ordnungen der Engel werden die neun Arten von Strafen in Zusammenhang gebracht, welche die Verdammten, die es ihrer Werke wegen nicht verdienen, den Engeln beigesellt zu werden, in der Hölle zu erdulden haben. Die einzelnen Strafen sind der Bibel entnommen; ihre Zusammenstellung ist das Werk theologischer Arbeit. Es sind: unauslöschliches Feuer (Mtth. XXV, 41), unerträglich kaltes Wasser (Iob XXIV, 19), der unsterbliche Wurm (Isaias LXVI, 24), äusserste Finsternis (Mtth. VIII, 12), unaufhörlicher Verwesungsgeruch (Apocal. XX, 10), die Verwirrung infolge der Sünden (Apocal. XX, 12), das schreckliche Schauen der Dämonen (Iob XX, 25), dle Verschiedenartigkeit der Geisselung je nach der Verschiedenartigkeit der Verbrechen (Apocal. XX, 12) und das elende Geschrei der Weinenden und Heulenden (Mtth. XXIV, 30). Jede dieser einzelnen Strafen wird mit einer Sünde zusammengebracht, welche, hier auf Erden begangen, die betreffende Strafe fordert. — Es ist ersichtlich, dass nicht alle hier gegebenen Züge geeignet sind, von künstlerischer Phantasie verwertet zu werden; dass aber in diesen Ausführungen für künstlerische Gestaltung der Hölle genügende Anhaltspunkte gegeben sind. Die Stelle des Sicardus dient zum Beweise, wie verschiedenartig die Qualen der Hölle im Mittelalter ausgemalt wurden.[2])

Bei dem jüngsten Gericht werden vier Ordnungen unterschieden: die Richtenden; die, welche durch das Gericht werden gerichtet werden; die schon Verdammten und die noch zu Verdammenden.[3])

---

[1]) Mitralis 123 A. Honorius im speculum ecclesiae (am Feste Michaels, bei Migne 1008—1012) hat eine etwas verschiedene Reihenfolge; er kennt Uriel nicht.

[2]) Mitralis 177. — Die bekanntesten Stellen, welche über die Höllenstrafen handeln (bei Honorius und in der legenda aurea) weichen in mehr als einem Punkte von der Darstellung des Sicardus ab.

[3]) Mitralis 258 A.

Dabei ist noch zu beachten, dass die Rechte den Himmel, die Linke die Hölle bedeutet.[1])

Einzelne Züge, welche sich nicht in der evangelischen Erzählung finden, sind folgende: Christus hat von dem Bache auf seinem Leidenswege getrunken (Psalm CIX, 7), was aber von Sicardus wohl nicht als wirkliches Faktum, sondern nur seiner symbolischen Bedeutung auf die Leidensgeschichte wegen angeführt wird (Mitr. 119 D); Christus hat beim Abendmahle ein grosses Lager bestiegen (Mitr. 121 D: magnum stratum ascendit), während in den Evangelien es einfach lautet: discubuit cum duodecim. — Dahin gehört ferner die Vermutung des Sicardus, dass Christus nach seiner Auferstehung nicht zuerst der Magdalena, sondern seiner Mutter erschienen sei (348 B, 354 A). Die legenda aurea beweist zwar mit fünf Gründen, dass Christus zuerst der Maria Magdalena habe erscheinen wollen, erörtert aber später doch, dass ‚ein solcher Sohn eine solche Mutter nicht so schmählich habe vernachlässigen' können.[2]).

Wollten die Künstler Züge dieser Art für ihre Bildwerke verwerten, so ist doch kaum anzunehmen, dass sie dieselben aus Werken von der Gattung des Mitralis entlehnten. Sie werden die einzelnen, verstreuten Bemerkungen nicht erst mühsam aufgesucht haben. Sie müssen Erweiterungen biblischer Erzählungen durch eine andere Vermittelung in den Kreis ihrer Phantasie aufgenommen haben. Diese Vermittelung bot vor allem die Predigt dar; für das spätere Mittelalter ist des Jacobus a Voragine legenda aurea wegen ihrer grossen Verbreitung als Hauptquelle anzusehen, aus welcher die Künstler einzelne dem biblischen Berichte fremde Züge schöpften. Sie liefert auch in vielen Fällen die Gesichtspunkte, nach welchen biblische Szenen oder Personen zusammengestellt wurden. Nirgends aber giebt sie originale Gedanken. So stossen wir auch bei Sicardus auf dieselben Prinzipien der Verbindung bibli-

---

[1]) Mitralis 110 A.

[2]) Cap. LIV, S. 239, 241: absit, ut talem matrem talis filius tali negligentia dehonoraverit.

scher Erzählungen, welche in ihr anzutreffen sind. Diese ergeben sich daher auch als ein Eigentum der Zeit, in welcher Sicardus lebte. Und nur insofern sind sie von Wichtigkeit und hier anzuführen.

Als einfachste Art der Zusammenstellung erscheint die, welche durch die Gleichheit der Zahl veranlasst worden ist. So werden, um einige der bekanntesten Beispiele zu nennen, die vier Paradiesesflüsse und die vier Evangelisten (Mitr. 18 A), die zwölf Propheten und die zwölf Apostel (232 D), die sieben Laster, die sieben Gaben des heiligen Geistes und die sieben Seligpreisungen (178 C) in Verbindung gebracht. Sicardus lässt ziemlich deutlich erkennen, dass bei diesen Zusammenstellungen nicht in erster Linie die symbolische oder typologische Bedeutung ihm massgebend gewesen ist; aber auch eine eigentliche Zahlensymbolik kennt er nicht. Es ist lediglich die Freude an der Erweiterung eines Gedankens, welche die Herbeibringung von Gegenständen bedingt, die in gleicher Anzahl auftreten wie andere. Darum giebt ihm z. B. die Zahl ‚vier' Veranlassung, auch dem ursprünglichen Gedanken fremde Vorstellungen herbeizuziehen und sie sowohl mit ihm wie unter einander auf mehr oder minder künstliche Art zu verknüpfen. So werden aus der Zahl ‚vier' die Beweise geholt, warum die Zeit des Fastens vierzig Tage beträgt (VI, 4, col. 254), weil Christus in quarta feria getauft worden ist und an demselben Tage seine Fasten begonnen hat. Darum nimmt die fortitudo unter den Tugenden die vierte Stelle ein und fortis ist die vierte unter den Benennungen Christi. Christus wird auch Adam genannt, weil dieser Name aus vier Buchstaben besteht. Diese bezeichnen weiter die vier Himmelsrichtungen (A = *ἀνατολή*, d = *δύσις*, a = *ἄρκτος*, m = *μεσημβρία*). Der Leib besteht aus vier Elementen. So sind auch diese in den Bereich dieser Ausführung aufgenommen; ein Beweis, wie sehr es dem Sicardus darauf ankam, alle Bereiche physischen und geistigen Lebens zu umspannen, Erde und Himmel zu verbinden, überall Analogieen zu finden. Von diesem Bestreben aus werden auch die vier Jahreszeiten, die vier Tugenden, die vier Evangelien zusammengestellt (212 A). Gewöhnlich nimmt Sicardus die Zahl der Vorlesungen oder Antiphone etc. des kirchlichen Gottesdienstes zum

Ausgangspunkt und spinnt von da, teils um zu beweisen, teils um zu illustrieren, seine Gedanken weiter.[1])

Einzelne dieser Zusammenstellungen lassen sich in der bildenden Kunst nachweisen. Auch hier wird die Gleichheit der Zahl die Verbindung bestimmt haben; wenigstens muss man dem Gesetze der Symmetrie einen ziemlichen Einfluss in dieser Beziehung einräumen. Dabei ist nicht ausgeschlossen, dass neben diesem äusseren Grunde der Zusammenstellung der tiefere, theologischer Reflexion entsprungene Grund schon vorhanden war. Beide Gründe wirkten dann jedenfalls zusammen und müssen zur Erklärung herangezogen werden.

Die Paradiesesströme und die vier Kardinaltugenden finden sich zusammen auf dem Taufbecken im Dome zu Hildesheim[2]); die Verbindung der Evangelisten und Paradiesesflüsse ist nicht selten.[3]) Auch die sechs Krüge bei der Hochzeit zu Kana, die

---

[1]) Auch die Zahlen, welche durch vier teilbar sind, schliessen sich hier an: so die Zahl „zwölf". Aus der Zwölfzahl wird der Beruf der Apostel abgeleitet: denn 12 enthält 3 und 4; die Drei findet sich in der Dreieinigkeit; die Gegenden der Welt betragen 4; und die Apostel sind es, welche den Glauben an die Dreieinigkeit über die ganze Welt verbreitet haben. — Es kehren immer dieselben Zusammenstellungen wieder; darum ist es nicht schwer, die Grundsätze der Zusammenstellung zu erkennen. — Beträgt die Zahl der besprochenen Lektionen z. B. 2, so bringt Sicardus gewiss sie mit den zwei Testamenten in Verbindung (93 D); die Zahl 3 veranlasst, die Trinität zu nennen; 5 die fünf Bücher Mosis oder die fünf Brode beim Speisungswunder (VII, 25); 6 die sechs Zeitalter der Welt und die sechs Werke der Barmherzigkeit (IV, 1. 10); 7 die sieben Zeitalter, die sieben Gaben des heiligen Geistes, die sieben Engel, Leuchter, Donner der Apokalypse (II, 2) etc.; 8 die acht Seligpreisungen (IV, 10); 10 die zehn Gebote (VI, 2); 15 die 15 Zweige am Baume der Liebe (II, 5. 76 C); etc.

Vgl. die Zusammenstellung bei Otte, I, 489. Crosnier, Iconographie chrétienne 44—64.

[2]) Schnaase IV, 290 nach Kratz, der Dom zu Hildesheim Taf. 12. Dies Taufbecken ist besonders reich an Darstellungen, welche mit der Zahl „vier" zusammenhängen. Die vier Paradiesesflüsse, vier Cardinaltugenden, die vier grossen Propheten, die vier Evangelisten, die vier Elemente, die vier Jahreszeiten finden sich hier; die beigesetzten Inschriften erklären den Grund der Zusammenstellung. Vgl. Kratz, 2 u. 3, 195—204. Didron, annales arch. XVII, 389—392.

[3]) Vgl. dazu Cahier, nouveaux mélanges 1874, S. 93 ff. Hier auch Nachweise aus der Litteratur. Die wichtigsten Stellen sind die aus Honorius August.

sechs Menschenalter, die sechs Weltalter werden zusammengestellt oder die sechs Werke der Barmherzigkeit und die sechs Alter des Menschen.[1]) —

Fälle dieser Art, bei denen ein äusserlicher Zusammenstellungsgrund zu konstatieren ist, sind selten. Die Seltenheit wird erklärt durch den didaktischen Charakter der mittelalterlichen Kunst. Hält man diesen fest im Auge, so muss sich eine andere Weise der Verbindung biblischer Szenen und Personen finden lassen, welche dem lehrhaften Elemente Rechnung trägt. Diese ist durch das credo gegeben. Es ist zu untersuchen, welche biblischen Ereignisse die mittelalterlichen Männer in ihm erwähnt fanden. Einen Anhalt dazu giebt Sicardus. Er nennt[2]) einmal die Feste, welche im Symbol erwähnt werden. Denn es dürfe nur an den Tagen gesungen werden, deren in ihm Erwähnung geschehe. Er nennt natalis, circumcisio, epiphania, pascha, ascensio, pentecoste und fügt hinzu die Feste aller Heiligen und der einzelnen Apostel, die Marienfeste, die Verklärung des Herrn, die Kreuzesfeste, die Sonntage, das Fest der heiligen Dreieinigkeit und die Kirchweihe.

Die Auswahl der biblischen Szenen, welche sich hier finden, ist durch das Kirchenjahr bedingt. Naturgemäss tritt deswegen die neutestamentliche Heilsgeschichte in den Vordergrund. Ereignisse in Christi Leben sind es vor allen, an welche das credo erinnert. Aber es sind nicht alle Ereignisse, nur die hauptsächlichsten. So ist hier wieder ein Gesichtspunkt gefunden, von dem aus man Szenen aus Christi Leben auswählte und zwar in Rücksicht auf das credo. Der Gedanke liegt nahe, dass, wo eine gleiche oder ähnliche Auswahl in Werken der bildenden Kunst zu finden ist, die Absicht vorlag, Illustrationen des credo zu geben. Freilich eine Darstellung, die sich vollständig mit der Ausführung des Sicardus deckt, also auch in genauer Uebereinstimmung mit dem

und aus dem Hymnus Adams de s. Victore (bei Daniel, thes. hymnol. II, 109 p. 84). Didron, annales archéol. XVII, 1857, 389 ff.

[1]) Heider, die romanische Kirche zu Schöngrabern, S. 219. Didron, annales XV, 413—24 (bes. 420). Didron-Schäfer, Malerbuch, S. 389.

[2]) 112 D. Dieselben Tage, ausser der Kirchweihe, nennt Beleth cap. XL (507 a).

Kirchenjahre wäre, wird sich schwerlich finden lassen. Denn es fehlen in der Aufzählung des Sicardus einzelne wichtige Stücke, die bei einer Illustration des credo schwerlich fehlen würden: so der descensus ad inferos oder die Wiederkunft zum Gericht. Für diese letztere wäre auch an dem ersten Adventssonntage, an welchem an sie erinnert wurde, im Kirchenjahre ein Anhaltspunkt gegeben gewesen. Dass diese Angaben fehlen, geht aus der oben bezeichneten Absicht des Sicardus hervor, nur die Feste zu nennen, an welchen das credo gesungen wurde. Andererseits findet sich aber bei ihm ein Fest mehr, als nach dem Wortlaute des credo in demselben erwähnt zu sein scheint: die epiphania. Darauf könnte es zurückgehen, wenn in Illustrationen des credo sich die Taufe Christi findet[1]) im Anschluss an die Worte: filium eius unicum, weil Gott sich in der Taufe zu seinem Sohne mit den Worten bekannte: hic est filius meus dilectus. Dass diese Verbindung der Taufe Christi mit dem credo schon Ende des zwölften Jahrhunderts existierte, beweist demnach Sicardus.

Das Kirchenjahr und das credo stimmen daher nur in einzelnen, nicht in allen Punkten zusammen: man kann sagen, insofern, als das Kirchenjahr dem historischen Gange der im Neuen Testamente berichteten Ereignisse folgt. Dass immerhin die Uebereinstimmung eine ziemlich grosse ist, ergiebt sich daraus, dass es verhältnismässig wenige Feste sind, welche direkt zur Erinnerung an heilsgeschichtliche Thatsachen gefeiert werden. Ueberblicken wir nämlich den Gang des Kirchenjahres, so sind die Feste und Sonntage, welche ihre Bedeutung direkt aus dem Neuen Testamente herleiten, etwa folgende: natalis domini erinnert an die Geburt; octava domini an die Beschneidung und Namengebung; epiphanias an die Weisen aus dem Morgenlande, die Taufe Christi und die Hochzeit zu Kana; das Fest de ypapanti domini an die purificatio Mariae und die obviatio Simeonis; das Pascha und die Festtage vor ihm an die

---

[1]) Ich weiss allerdings nur einige späte Illustrationen des credo zu nennen, welche die Taufe Christi bieten, eine aus dem XV. Jahrhundert, im Christlichen Kunstblatt 1887, S. 173 und zwei aus Schweden bei Mandelgren, Monumens scandinaves Tafel XIV u. XVI.

passio Christi und die diesem vorausgehenden und unmittelbar folgenden Ereignisse, von dem Einzug Christi in Jerusalem angefangen bis zur Auferstehung; dazu kommen noch die Feste: Himmelfahrt und Pfingsten zur Erinnerung der Ausgiessung des heiligen Geistes. Unter den Heiligenfesten nennt Sicardus im neunten Buche noch den Kindermord (sanctorum innocentium), die annuntiatio und die transfiguratio. Die Bedeutung der anderen Sonntage wird abgeleitet meist aus der Geschichte des Volkes Israel; die meisten übrigen Feste sind Heiligenfeste.

So bietet das Kirchenjahr in Anordnung und Reihenfolge Neutestamentlicher Szenen nichts wesentlich anderes, als was das Neue Testament selbst an die Hand giebt. Darum dürfte es schwer halten, bei Zyklen aus dem Leben Christi genommener Darstellungen zu entscheiden, ob der Künstler sich an die durch das Kirchenjahr gegebene Folge gehalten oder ob er einfach aus dem evangelischen Berichte geschöpft habe. Nur an einem Punkte lässt sich eine unmittelbare Beeinflussung des Künstlers durch die Bedeutung eines Festes nachweisen: die drei Wunder, welche am Tage des Epiphanienfestes geschehen sind: die Anbetung, die Taufe Christi im Jordan, die Verwandlung des Wassers in Wein bei der Hochzeit zu Kana, haben auch ihre gemeinsame Verkörperung gefunden, und zwar in einer Darstellung, welche, ihrer Kürze und scheinbaren Dunkelheit wegen, bei dem Beschauer voraussetzt, dass er die Bedeutung des Epiphanienfestes im Gedächtnis bewahre: in dem einen Relief an der Chornische der Kirche zu Schöngrabern.[1]) Sicardus sowohl, wie Beleth, Durandus und die legenda aurea[2]) nennen bei der Besprechung der Epiphania diese drei Wunder und zeigen, dass ihre Zusammenstellung eine dem Mittelalter durchaus geläufige gewesen ist. Und diese drei Wunder feiert die Kirche offiziell an jenem Tage. Denn zur Feier eines vierten Wunders, welches am gleichen Tage geschehen sei, der Speisung der fünf

[1]) Springer, Quellen der Kunstdarstellungen im Mittelalter S. 22. Heider, die romanische Kirche zu Schöngrabern 212—226.

[2]) Beleth cap. 73 (523 a). Sicardus V, 9 (235). Durandus VI, 16,7 (281b). Leg. aurea cap. XIV.

Tausend durch fünf Brode, habe die Kirche ihre Genehmigung nicht gegeben.[1])

Aus der oben angeführten Stelle des Mitralis lässt sich erkennen, in welcher Verbindung die im credo enthaltenen biblischen Szenen mit den durch das Kirchenjahr in Erinnerung gebrachten stehen. Unabhängig vom Kirchenjahre giebt Sicardus mit einer Auslegung des credo eine Illustration desselben,[2]) indem er dessen Aussagen über Christi Erscheinung auf Erden und die Ereignisse, die nach seinem Tode geschehen sind oder geschehen sollen, in fünf Gruppen zerteilt: incarnatio, passio, resurrectio, ascensio, adventus ad iudicium. Diese fünf „sacramenta Christi" würden, wenn man die Personen des Vaters und des heiligen Geistes hinzunähme, als eine vollständige Illustration des credo angesehen werden können; denn einige andere Szenen, welche bei einer dem Wortlaute nachgehenden Illustration verkörpert werden müssten, sind nach dem ausdrücklichen Berichte des Sicardus in jenen fünf Szenen enthalten. Lässt sich dies als eine Abkürzung, resp. abkürzende Zusammenfassung der Thatsachen bezeichnen, auf welche sich das Heilsbewusstsein des Christen stützt, so werden dieselben noch kürzer zusammengefasst, wenn nur die beiden Grenzsteine, innerhalb deren sich dieselben bewegen, namhaft gemacht werden. Es geschieht dies am ersten Adventssonntage;[3]) denn ein doppelter Advent Christi wird gefeiert: seine Ankunft in Niedrigkeit und seine Ankunft in Majestät, seine Menschwerdung und sein Gericht. Was hier am Eingange des Kirchenjahres verkündigt wurde, ist es wunderbar, wenn es vom Künstler benützt wurde, um am Eingange zum Kirchengebäude den Gläubigen in das Bewusstsein gerufen zu werden? So lassen sich in der That an Kirchenportalen Darstellungen nachweisen, welche die erste Erscheinung Christi und

---

[1]) Sicardus 236 B nach Beda, Kommentar zu Lukas. Durandus bezweifelt die Echtheit der Nachricht des Sicardus, dass die Hinzunahme des vierten Wunders im Anschluss an Beda geschehen sei. — Die vier Wunder finden sich auch vereinigt in dem Hymnus des Ambrosius, de epiphania domini. Daniel, thes. hymn. I, XIV.

[2]) Sicardus VI, 8 dominica quarta in quadragesima. 281 u. 282 bei Migne.

[3]) Mitralis V, 1. dom. prima de adventu. Bei Migne 192 A.

seine künftige zusammenfassen.[1]) Und nach dem Gericht wird der Herr die Kirche sich verbinden: zu dieser Hochzeit werden wir täglich durch die Priester der Kirche eingeladen. Denn der Bräutigam in dem Gleichnisse von den zehn Jungfrauen ist Christus[2]) (Mtth. XXV, 1—13), und „die Jungfrauen, welche bereit waren, gingen mit ihm hinein zur Hochzeit". — Dadurch ergiebt sich die Verbindung des Gerichtes mit der Darstellung der fünf klugen und thörichten Jungfrauen. —

An dieser Stelle kennt Sicardus nur zwei adventus Christi; an anderer Stelle fügt er noch den adventus in mente hinzu,[3]) welcher bei der Messe stattfindet. Durandus spricht von einem vierfachen Advent, er fügt zu dem adventus in mentem noch das Kommen Christi in der Todesstunde eines jeden; doch bestätigt er, dass die Kirche nur die zwei, welche Sicardus anführt, feiere.[4]) Demgemäss scheinen auch nur diese beiden von den Künstlern verwertet worden zu sein. —

Aus dem Vorstehenden ist ersichtlich, dass im Anschluss an das credo eine abgekürzte Darstellung von Christi Wirken gegeben werden kann. Im Gegensatz dazu bietet das credo auch Gelegenheit, mit Szenen, in welchen Christus als handelnd auftritt, andere Darstellungen zu verknüpfen. Denn Sicardus' Bemerkung, dass das

---

[1]) Springer, das jüngste Gericht im Repertorium VII, 375 ff.

[2]) Mitr. VIII, 20. dom. vicesima post pentecosten (401 B). — Das Bild von der Hochzeit wird nicht nur in diesem Zusammenhange, in Beziehung auf das jüngste Gericht, angewendet. Von drei Hochzeiten nämlich spricht das Evangelium. Sie werden in Verbindung mit Christus gebracht. Das Gleichnis von der königlichen Hochzeit (Mtth. XXII, 1 ff.) wird auf die Geburt Christi gedeutet, der sich mit der menschlichen Natur verband; Luk. XII, 36: vos similes hominibus expectantibus dominum, quando revertatur a nuptiis auf seine ascensio, als er sich mit der englischen Natur verband; und Mtth. XXV auf das Gericht. — So auch bei Durandus VI, 20. — Honorius nennt auch die drei Hochzeiten zusammen in der expositio in canticum cantt. bei Migne 172, col. 349. In der Predigt auf den 20. Sonntag nach Pfingsten erklärt er nur Mtth. XXII, und zwar deutet er es auf die Hochzeit Christi mit der Kirche.

[3]) Mitr. III, 2 (100 C).

[4]) de tempore adventus. VI, 2, § 2 u. 3. Innocens III. verteilt die vier adventus auf die vier Adventssonntage, und zwar in der Reihenfolge: adv. ad iudicium, ad mortem, in carnem, in mentem bei Mai, Spicileg. Rom. VI, 489.

credo auch an den Festen der einzelnen Apostel gesungen würde, weist darauf hin, dass er auch die Apostel in Verbindung mit dem credo zu denken gewohnt war; und dies that er jedenfalls im Hinblick auf die Sage von der Entstehung des symbolum apostolicum, die sich zuerst bei Ambrosius und nach ihm bei Rufinus findet. Doch verteilt Sicardus nicht die einzelnen Sätze auf die zwölf Apostel. Diese Verteilung hat erst Durandus in sein liturgisches Werk aufgenommen; doch giebt er eine etwas andere Reihenfolge der Apostel, als Ambrosius und Rufinus, während er in der Teilung des credo mit ihnen übereinstimmt.[1]) — Diese Zusammenstellung der Apostel mit dem credo ist für die bildliche Darstellung des Glaubensbekenntnisses erst wichtig geworden, als man die einzelnen Sätze auf die einzelnen Apostel verteilte. Da Sicardus dies nicht thut, so ist seine Notiz nur von untergeordneter Bedeutung. —

Das liturgische Werk des Sicardus ist nicht nur insofern von Wichtigkeit, als es uns über die heilsgeschichtliche Bedeutung der Feste des Kirchenjahres und deren Beziehungen zu dem Glaubensbekenntnisse Kunde giebt. Es bietet auch kurze Erklärungen der Schriftabschnitte, welche an den einzelnen Tagen gelesen werden, und ist infolge dessen exegetischen, resp. Predigtwerken an die Seite zu stellen (vgl. oben S. 11). Es lassen sich in ihm deshalb die Grundsätze nachweisen, welche der Exegese des Mittelalters eigentümlich sind und dieselbe von derjenigen unserer Tage durchaus unterscheiden. Sicardus kennt eine vierfache Auslegung der heiligen Schrift: die historische, allegorische, tropologische, anagogische.[2]) Das einfachste Beispiel bietet Beleth,[3]) indem er Jerusalem erklärt: Jerusalem ist seinem historischen Sinne nach die wirkliche Stadt; allegorisch ist es die streitende Kirche, tropologisch jede gläubige

[1]) Die „Legenden-Formel“ bei Hahn, Bibliothek der Symbole, 2. Aufl. 1877. S. 47 und Anm. 163 (litterarische Nachweise). — Durandus IV, 25 (auch bei Otte I, S. 549). — Ueber die Verschiedenheiten in der Teilung des credo und in der Reihenfolge der Apostel, bei welcher sich bestimmte Gruppen nachweisen lassen, vgl. Wernicke, Bildliche Darstellung des apostolischen Glaubensbekenntnisses in der deutschen Kunst des Mittelalters, im Christlichen Kunstblatt 1887, Nr. 7—11, 1888, Nr. 1.

[2]) Mitralis I, 13. col. 47. Hier auch nähere Erklärung und Beispiele.

[3]) Beleth, explicatio cap. CXIII. fol. 543.

Seele, anagogisch das himmlische Jerusalem. Es wird jedoch nicht bei jeder Schriftstelle diese vierfache Auslegung zur Anwendung gebracht: je nachdem die Stelle verwertet werden soll, wird ihr die eine oder andere Deutung gegeben. Darum ist die allegorische Auslegung am meisten zu treffen. Damit hängt die Typologie zusammen. Ueberall sucht Sicardus im Alten Testament Typen und Präfigurationen für das Neue. Denn es ist das ausgesprochene Bestreben der mittelalterlichen Theologie, den Zusammenhang zwischen Altem und Neuem Testamente zu erweisen; im Alten Testamente schon die Begebenheiten, die das Neue erzählt, vorgebildet zu sehen. Gleichsam als Wahlspruch dafür gilt der Spruch aus dem Evangelium nach Lukas (Luk. X, 23. 24): conversus Jesus ad discipulos dixit: beati oculi, qui vident quae vos videtis: dico enim vobis, quod multi prophetae et reges voluerunt videre quod vos videtis et non viderunt. Sicardus fügt dazu als Erklärung: illi enim viderunt in nocte, vos in die; illi in figura, vos in veritate.[1]

Daher ist es erklärlich, dass sich auch bei ihm die Typen auf Christus und auf sein Erlösungswerk finden, die grösstenteils aus den Hymnen und Sequenzen des Mittelalters, sowie aus den Predigten bekannt sind. So ist Christus der wahre David; denn wie dieser den Goliat überwand, so besiegte jener den Teufel. Darum ist zugleich Goliat der Teufel. Das Schwert, mit welchem David Goliat getötet, ist das Kreuz; denn durch das Kreuz wurde der Teufel überwunden (313 C, 319 A). Ebenso hat die Idee des siegreichen Kampfes es veranlasst, dass die drei Männer im Feuerofen auf Christus gedeutet werden. Wie mit ihrem Hymnus Benedicite (Vulgata: Zusatz zu Daniel III), welcher zuerst die höheren Geschöpfe, dann die Kreaturen der Erde und des Wassers, endlich die Menschen, Geister und Seelen zum Lobe des Schöpfers aufruft, die Passion Christi in das Gedächtnis gerufen werden soll, so ist der ganze Vorgang ein Typus für die Ueberwindung des Teufels

[1]) Mitralis 193 C. Vgl. Stellen wie: — quod patriarchae ante legem, prophetae sub lege praefiguraverunt 181 C. — passio Christi a prophetis praenuntiata, a lege praefigurata 313 A.

durch Christus: denn die drei Jünglinge sind Christus, die Diener die Juden; Nebukadnezar ist der Teufel, der Feuerofen der Altar des Kreuzes (167 B und C; 211 B). Eine Weiterbildung der Typologie findet statt, wenn die Befreiung der drei Männer aus dem feurigen Ofen als Vorbild aufgefasst wird für die Ueberwindung des Teufels und der Hölle durch die Gläubigen: über Christus hinaus geht der Typus auf den einzelnen Gläubigen über. Ebenso wird der Sieg Davids über Goliat gedeutet. David als Typus Christi ist einer der verbreitetsten Typen: denn David hat auch den Löwen besiegt und selbst der Name David ist ein Vorzeichen Christi; er bedeutet manu fortis et visu desiderabilis (181 C, 274 A).

Salomo ist seiner Weisheit wegen ein Typus Christi (392 D); Moses, weil er ein fremdes Weib, die Sephora, nahm. Diese bedeutet die Heidenkirche (360 A, vgl. Exod. IV, 25). Aber auch der Felsen, aus dem Moses Wasser schlägt, bezeichnet Christum; zweimal schlägt Moses, weil Christus an zwei Kreuzeshölzern hing (271 B). Auch die Feuersäule, welche den Kindern Israel vorausging, ist ihrer besondern Eigenschaften wegen eine Figur Christi. — Abraham, Simson, Jonas, Elias, Elisa, Daniel, ja selbst Cyrus (244 D, 246 C) sind Typen Christi; Simson, weil er, von Wächtern umlagert, die Thore zerbrach (149 C), und Jonas (296 D) mit deutlicher Beziehung auf Christi Tod und Auferstehung. —

Feinde des Volkes Israel gelten als Typen des Teufels, so Pharao (235 A), Nebukadnezar (244 D), Aman, der Mardochäus zu töten suchte (295 A).

Bei diesen an einzelne Personen angeknüpften und auf Christus oder den Teufel bezüglichen Typen bleibt Sicardus nicht stehen: die Deutung geht in das abstrakte Gebiet über; die Typen werden verallgemeinert. So bedeutet Babylonien die Welt, Jerusalem das Paradies (244 D). Auch für das Heidentum und die Judenschaft giebt es Präfigurationen. Der aussätzige Naeman ist der Typus für das Heidenvolk (269 B); die beiden Frauen, welche vor Salomo kommen, um ihr Recht zu suchen, sind die Typen der Synagoge und der Kirche (276 D); die Königin Saba bedeutet die Kirche, die von den Gebräuchen der Heidenschaft sich wegwendet und nach Jerusalem kommt zur „Schauung des Friedens", zu hören die

Weisheit Christi, des Friedefürsten (394 C). Die Regierung Sauls bedeutet die Herrschaft des Todes (364 A); die Bedrückung der Juden unter Pharao weist auf die Bedrückung der Christen in der Welt (200 C); die vierzig Strafjahre der Juden in der Wüste bezeichnen die Herrschaft des Teufels (256 D).

Den Deutungen dieser Art sind diejenigen verwandt, welche an Neutestamentliche Gestalten anknüpfen und meist auf die Gläubigen bezogen werden: das samaritanische Weib bedeutet die Kirche aus den Heiden (271 A); der Blinde vor Jericho (Luk. XVIII) das menschliche Geschlecht, das Gott nicht kennt (252 C). Lazarus (Joh. XI) ist der Typus für jeden Gläubigen (286 B); Nicodemus für die Gläubigen, welche noch nicht im Glauben wirken (362 B). Der arme Lazarus (Luk. XVI) ist das christliche Volk im allgemeinen (388 B).

Wie Christus, so hat auch Maria, die ‚Thüre zum Himmelreich', (389 B) verschiedene Typen gefunden. Mit ihr wird Eva in Beziehung gebracht. Die bequemste Handhabe dazu bietet der Gruss des Engels Gabriel, der mit ave beginnt. Umgekehrt giebt dies Eva: durch Eva trat der Tod in die Welt, durch Maria Heil und Leben (194 C, 225 A). Die Rute Aarons (Numeri XVII, 8; cf. ad Hebr. IX, 4) deutet auf die Geburt aus der Jungfrau (46 B). Der Tempel, den Salomo erbaute, ist Maria, in der wir in Wahrheit die Erbarmung Gottes empfangen haben (393 B). Dieser Tempel wird anderwärts auf die Kirche gedeutet. So tritt eine Umwandlung ein, die für die Folgezeit wichtig geworden ist. Denn die Typen der Kirche werden später ausschliesslich zu Typen der Maria. —

Ein äusserlicher Grund hat Sicardus veranlasst, die erste Erzählung des Alten Testaments mit dem Inhalte des Neuen, die Weltschöpfung mit der Welterlösung in Zusammenhang zu bringen. „Es ist bemerkenswert und bewunderungswürdig", sagt er (292 A, ebenso 311 B), „dass der Herr gleichsam in demselben Laufe (an denselben Tagen) die Welt erschaffen und erlöst hat (creavit et recreavit)"; mit der Schöpfung begann er am Sonntag und schuf den Menschen am Freitag; mit der Erlösung begann er am Sonntag, einziehend in Jerusalem, und erlöste den Menschen am Freitag durch sein Leiden am Kreuze. So sind die ersten Menschen in Beziehung gesetzt zu dem Kreuzestode Christi, eine Verbindung, die, auch für den bildenden Künstler, erst dann fruchtbar werden kann, wenn die Vorstellung vom Sündenfalle hinzugenommen wird.[1])

Evas Schöpfung aus der Rippe Adams hat ihr Gegenbild im Neuen Testamente in der Geburt der Kirche aus der Seite Christi (325 C, 327 B). Oder es wird die Schöpfung im allgemeinen mit der Taufe zusammengestellt: wie Gott Himmel und Erde geschaffen hat, so schafft er in der Taufe die neue Nachkommenschaft der Kirche (327 B). Sicardus sucht die kirchlichen Einrichtungen als auf der Schrift ruhend und hier schon vorgebildet nachzuweisen; darum muss er grosses Gewicht darauf legen, darzuthun, dass die beiden wichtigsten Sakramente, Taufe und Abendmahl, im Alten Testamente ihre Präfigurationen finden.

Die Alttestamentlichen Vorbilder für die Taufe sind die Sintflut (Gen. VII. cf. I Petri III, 20. 21); der Durchgang durch das rote Meer (Ex. XI. cf. I ad Corinth. X, 2), das eherne Meer (III regg. VII). Ebenso deutet das Wasser, das Moses süss gemacht hat, auf die Taufe. Die Personen, mit welchen diese Präfigurationen in Zusammenhang stehen, sind Noah, Moses und Salomo. Diesen drei werden von Neutestamentlichen Gestalten hinzugefügt: Johannes baptista und Christus. Johannes' Beruf war es, die Taufe zu zeigen, der Herr hat sie durch seine Taufe bestätigt, durch sein Leiden geweiht (denn sein Tod war seine wahre Taufe), durch seinen Befehl geboten (330 D). Damit werden in Verbindung gebracht die Wunder, welche mittels des Wassers geschehen sind: Der Geist schwebte über den Wassern; im Anfang wurde das Wasser vom Trocknen geschieden; bei der Sintflut wurden durch das Wasser die Sünden der schuldigen Welt gereinigt; bei dem Gastmahle wurde das Wasser in Wein verwandelt (331 C).

Das dritte Buch widmet Sicardus der Beschreibung des Offiziums der Messe. Der Name ‚missa' bedeutet Christum, der vom Vater in diese Welt geschickt worden ist (missus est). Er weist aber auch darauf hin, dass Christus die andere Sendung habe, den

---

[1]) Vgl. die Bernwardsthür zu Hildesheim.

Vater zu versöhnen. So weist schon der Name missa nach, dass in ihr die Menschwerdung und die Passion Christi in Erinnerung gebracht werden soll. Weiter wird dies ausgeführt, wenn die sieben Teile der Messe als Abbilder von Christi Werk erklärt werden. Sie bedeuten nämlich die Gesandtschaft Christi, die Freude der Kirche (gratulatio; cf. 104 B laetitia); Christi oder der Apostel Predigt; die Andacht der Hörer; die Passion Christi, seine Höllenfahrt und Auferstehung. Bei der Besprechung dieser einzelnen Teile hat Sicardus immer im Auge, dass die Messe Christum bedeute. Auf ihn finden sich darum in diesem Zusammenhange eine Reihe Typen, die wegen der hervorragenden Stellung, welche die Messe in dem gottesdienstlichen Leben der Gläubigen einnimmt, zu den bekanntesten, volkstümlichsten gerechnet werden müssen.

Nur eine allgemeine Beziehung liegt vor, wenn Moses und Christus in Parallele gesetzt werden: Moses hat das Volk Israel aus der Knechtschaft in Aegypten befreit; so befreit auch Christus seine Gläubigen. Jeder der von der Befreiung Israels angeführten Züge wird auf die Erlösung der Menschen angewendet. Die Gesetzgebung Mosis, der vom Berge herabstieg, hat ihr entsprechendes Bild in der Bergpredigt Christi (106 B; 114 A). Speziell auf die Messe nimmt die Verbindung zwischen Moses und Christus Bezug, wenn ihr Ursprung von diesen beiden hergeleitet wird (114 A), oder wenn die Aufrichtung der ehernen Schlange in der Wüste mit der Erhöhung des Menschensohnes am Kreuze zusammengestellt wird (111 A, cf. 175 D), was ja direkt aus der Bibel herübergenommen ist (vgl. Joh. III, 14).

Christus ist das Lamm, das der Welt Sünde trägt, das Opferlamm. Darum werden die Opfer, von denen das Alte Testament berichtet, zusammengesucht und allegorisch auf Christus bezogen: Melchisedek, Abel, Isaac, das Osterlamm (Ex. XII), die rote Kuh (Num. XIX), der Sündenbock (121 C, Levit. XVI)[1]). In der „Zeit vor dem Getetze", welche in drei Abschnitte zerfällt, in die Zeit von Adam bis Noah, von Noah bis Abraham, von Abraham bis Moses, haben das Opfer Christi vorgebildet: Abel in seinem Lamm,

[1]) Die Opfertiere in ihrer Gesamtheit werden auf Christus bezogen, col. 114.

Melchisedek in Brot und Wein, Abraham in seinem Sohne (327 C). Diese drei Typen werden in den Bereich allgemeiner Bekanntschaft dadurch erhoben, dass sie im Gregorianischen Messkanon aufgeführt werden. Und „die Liturgie Gregors des Grossen ist in der römischen Kirche der beständige Typus geblieben".[1]) Aus dem Messkanon hat Sicardus jene drei Typen entlehnt; aus ihm scheinen sie auch genommen, wenn sie zu Darstellungen der Kreuzigung hinzugefügt oder an Kelchen angebracht sind.

Mit diesen drei Männern ist jedoch die Zahl der Männer, denen Sicardus Bezug auf die passio Christi giebt, nicht erschöpft; ihm kommt es darauf an, zu zeigen, dass auch in der Zeit unter dem Gesetze die Typen auf Christus nicht gefehlt haben: so nennt er einen Richter, einen König, einen Fürsten, einen Propheten, einen Priester: Josua (mit Beziehung auf Jos. VIII); David (I. regg. XXII); Zorobabel (I. Esdra II); Helias (III. regg. XVII); Jesus (Sacharja III, 3).[2]) Zu diesen Alttestamentlichen Zeugen treten aus dem Neuen Testamente Maria und die Apostel. Die Apostel werden nach ihrer Todesart in verschiedene Gruppen verteilt. Ihnen, die die passio Christi durch ihr Wort und ihr Blut bezeugt haben, werden angereiht die Blutzeugen des Neuen Bundes.[3])

Es ist ein reicher Apparat von Personen, welcher zur Illustration der passio Christi aufgeboten wird; das Streben, soviel wie möglich Typen zu finden, erklärt sich aus der Absicht, den Zusammenhang zwischen dem Alten und Neuen Testamente zwingend nachzuweisen. Darum werden selbst für die Kreuzesform Typen gesucht: man fand den einfachsten in dem Buchstaben T, welcher an den Thürpfosten geschrieben wurde, als der Würgengel in

---

[1]) Augusti, die heiligen Handlungen der Christen, 5. Bd. (Denkwürdigkeiten 8. Bd.) 1826. S. 427 und 471.

[2]) Mitr. 126 A und B.

[3]) 127 D: Petrus, Andreas, Philippus sind gekreuzigt; Paulus, Jacobus, Matthäus, Bartholomäus sind enthauptet; Jacobus, Simon, Thaddäus sind getötet, Johannes vergiftet, Thomas durchbohrt worden. Von Märtyrern sind genannt: ein Papst, Linus; ein Bischof, Cyprian; ein Diakon, Laurentius; Soldaten: Chrysogonus, Joannes, Paulus; Aerzte: Cosmas und Damianus.

Aegypten die Erstgeburt schlug.[1]) Auf das Kreuz deutet der Stab Aarons (Exod. VII), der sich in eine Schlange verwandelte (316 A); deutet das Holz, durch welches das bittere Wasser süss wird (Exod. XV. 318 D).

Dass ähnliche Gedanken, wie sie bei Sicardus sich finden, auf die Zusammenstellung verschiedener Szenen, welche die bildende Kunst darstellte, eingewirkt haben, beweisen einzelne spätromanische Kelche, deren Anfertigung der Zeit nicht fern liegen dürfte, der Sicardus angehört. So sind an dem Werbener Kelche[2]) die beiden Hauptstücke der Messe zur Darstellung gekommen, welche schon in dem Namen „Messe" enthalten sind. Denn die an dem Kelche angebrachten Medaillons zerfallen auch ihrem Inhalte nach deutlich in zwei Gruppen: incarnatio und passio werden behandelt. Denn der brennende Dornbusch und Gideons Fall sind die auch von Honorius[3]) genannten vulgären Typen der jungfräulichen Geburt und schliessen sich mit der annuntiatio zusammen, um auf die Menschwerdung Christi zu weisen: Die Begegnung zwischen Abraham und Melchisedek, die Opferung Isaaks, die eherne Schlange, Elias und die Witwe von Sarepta stehen in Beziehung zu dem Opfertode Christi. Während die ersten drei Typen in den litterarischen Quellen häufig vorkommen, — wie sie sich ja auch bei Sicardus finden, — scheint der letztere Typus nur selten angeführt zu werden. Doch liegt die Beziehung der „zwei Hölzer", von denen die Vulgata spricht (III. regg. XVII, 12), auf das Kreuz Christi sehr nahe. Darum sagt auch Durandus,[4]) dass die zwei Kreuzeshölzer durch

[1]) Exod. XII. Mitr. 314 C. — Die vollständigste Sammlung der Typen des Kreuzes dürfte sich bei Honorius finden im speculum ecclesiae, de inventione s. crucis. (Migne 172, col. 942—50.)

[2]) Quast und Otte, Zeitschrift für christliche Archäologie und Kunst I, 70—74. II, 53—72.

[3]) Honorius, spec. eccl. in annuntiatione s. Mariae. Migne 172, 902—908. Die legenda aurea kennt als Vorbilder für die jungfräuliche Geburt nur den blühenden Stab Aarons und die geschlossene Pforte Ezechiels (cap. VI. de nativitate, S. 41). Vgl. ausser den von Zacher in der Zschr. f. christl. Arch. u. Kunst angeführten litterarischen Nachweisen: Daniel, thes. hymnol. V, pagg. 77. 129. 132. Pitra, spic. Solesm. I, 269. Didron-Schäfer, Malerbuch, S. 163, Anm. 1.

[4]) Durandus VI, 77 de die parasceves § 24.

die zwei Hölzer, welche die arme Frau in Sarepta sammelte, bezeichnet würden. Dass der Typus wenigstens späterhin zu den bekanntesten gehörte, beweist sein häufiges Erscheinen in den sogenannten Armenbibeln.[1])

Der Kelch bedeutet in der Symbolik des Sicardus die passio Christi (130 A). Dieser Gedanke hat den Künstler veranlasst, auf einem der in Hildesheim bewahrten Kelche[2]) die Typen für Christi Kreuzigung anzubringen. In vier Feldern zeigt er Melchisedek und Abel, die eherne Schlange, Abrahams Opfer, die zwei Kundschafter, welche die Traube tragen. Denn auch der Stab, an dem diese die Traube tragen, ist ein Bild des Kreuzes, wie Honorius in der Predigt de inventione s. crucis darthut.

In den Ausführungen des Sicardus über den Gang und die Bedeutung der Messe sind dieselben Grundsätze für Auswahl und Zusammenstellung biblischer Szenen nachgewiesen, nach welchen bei der Messe gebräuchliche Kelche verziert wurden. Daraus lässt sich schliessen, dass, wo an anderen Geräten ähnliche oder gleiche Darstellungen erscheinen, diese Geräte in Zusammenhang mit der Messe gebracht werden dürfen. So bietet eine emaillierte Tafel, aus dem zwölften Jahrhundert stammend,[3]) wohl die reichhaltigste Zusammenstellung von Typen und Präfigurationen des Kreuzestodes Christi. Alle die oben bezeichneten Typen finden sich auf ihr; es treten hinzu die Propheten, welche die passio Christi geweissagt haben. Das Ganze gleicht dem Traktate eines Theologen, welcher von dem Opfertode Christi handelt und dessen Notwendigkeit und Giltigkeit aus dem Alten Testamente zu beweisen sucht. Der Opfertod Christi bildet das wesentlichste Stück der Messe; darum erscheint die Annahme erlaubt, dass die erwähnte Tafel die Aussenseite eines Messbuches schmückte. —

Wenn man fragt, welche Grundsätze bei der Zusammenstellung biblischer Personen und Szenen walteten, so gebührt jedenfalls bei der Beantwortung dieser Frage dem Prinzip der Parallelisierung des Alten und Neuen Testamentes die erste Stelle. Doch ist das

---

[1]) Laib und Schwarz, Biblia Pauperum, S. 12. 18.

[2]) Nouveaux mélanges d'archéologie. 1875. p. 250.

[3]) Didron, annales archéologiques VIII, 1848, 1—16. (mit Abb.)

nicht das einzige Prinzip. Sicardus bringt bei seiner Exegese auch andere zur Geltung, so das der Exemplifikation. Um einen abstrakten Begriff zu veranschaulichen, werden die Personen aufgezählt, welche zu jenem Begriff in Beziehung stehen. Als Beispiele der Befreiung, zunächst aus schrecklichen Orten, gelten Moses, Joseph, Iob, Jeremias, Daniel, die drei Jünglinge im Feuerofen. Ihnen stehen gegenüber die Männer, welche im Heiligtum umgekommen sind, zur Veranschaulichung des Gedankens, dass die Heiligkeit des Ortes nicht den schützt, welchen die Verderbtheit des Gewissens verdammt: Nadab, Abiu, Chore etc.[1]) Oder es werden als Beispiele für die Tröstungen im menschlichen Leben die sechs Tröstungen aufgeführt, welche in den sechs Weltaltern den Gläubigen zu teil wurden: Adam wurde im Paradiese erfreut, Noah in der Arche getröstet; Joseph befreite Israel vom Hunger; Salomon herrschte im Frieden. Das fünfte Weltalter bringt die Befreiung aus Babylon; das sechste jubelt über die Gegenwart des Bräutigams.[2])

Auch diese Weise der Illustration eines Gedankens knüpft an logische Kategorien an: denn um das Auffinden von Männern, die als Beispiele dienen können, zu erleichtern, wird die bekannte Einteilung der Zeit in tempus ante legem, tempus sub lege, tempus gratiae (sub gratia) zu Grunde gelegt. Jeder dieser Zeitabschnitte zerfällt wieder in drei Unterabteilungen. Dieser Einteilung folgt Sicardus, wo er die Männer aufzählt, welche sich durch Nachtwachen hervorgethan haben. In der Zeit vor dem Gesetze werden dreimal vier Männer genannt; jedem wird ein Psalm in den Mund gelegt. Aaron als Priester, Gideon als Richter, Salomon als König sind die Repräsentanten der Zeit unter dem Gesetze; für die Zeit der Gnade werden die Apostel, Märtyrer, Konfessoren als Beispiele aufgerufen.[3])

[1]) Mitr. I, 11. col. 39.

[2]) 257 C.

[3]) IV, 2. col. 154, 155. — Es entspricht durchaus mittelalterlicher Exegese, einzelne Psalmen mit Männern in Verbindung zu bringen, welche, historisch betrachtet, mit ihnen nichts zu thun haben. Im vorliegenden Falle ist der Grund der Zusammenstellung, dass die Psalmen „in festivis nocturnis“ gesungen werden und die betreffenden Männer gewacht haben:

Abel Ps. I: Beatus vir: Enos Ps. II: quare fremuerunt; Enoch, Ps. III: domine, quid multiplicati sunt; Lamech Ps. VI: domine, ne in furore tuo; — Noe Ps. VII:

Diejenigen werden zusammengestellt, welche aus Anlass eines Sieges über den Feind ein Triumphlied angestimmt und dadurch ihre Freude zu erkennen gegeben haben (163, 164). Beispiele für Faster sind Moses, Elias, Daniel, Christus (259 B). Altäre haben errichtet Noah, Abraham, Isaac, Jacob; auch Moses und Salomon und die Opfer Abels und Kains werden damit in Verbindung gebracht (18 C). Für die drei Ordnungen der Kirche (rectores, coniugati, continentes) kehren immer als Repräsentanten wieder Noe, Iob, Daniel (77 C, 289 B, 367 D).

Auch einzelne Tugenden haben ihre besondern Vertreter gehabt. An Abraham ist der Glaube hervorragend Gen. XV; an Moses die Milde Num. XII, an David die Demut II Regg. VI (55 A), an Iob die Geduld (395 D). Für jede der I. Cor. XII, 8 ff. genannten Gnadengaben wird ein Beispiel gegeben (394 A); eine Weise, den biblischen Text zu illustrieren, welche in den Wandgemälden zu Brauweiler ihr Vorbild und die Gewähr ihrer Anwendung durch die Künstler besitzt.

Aus dem Obigen ergiebt sich, dass der Mitralis zur Erklärung von typologischen Bildern und von Exempelkompositionen herangezogen werden kann; denn er beweist, dass die Grundsätze, welche diesen Kompositionen zu Grunde liegen, auch in der Theologie die herrschenden waren. Dass er auch Gelegenheit bietet, den Inhalt von Bildwerken erkennen zu lassen, welche eine buchstäbliche Illustration eines im gottesdienstlichen Gebrauche befindlichen Spruches sind, mag folgender Umstand erhärten.

In Darmstadt befinden sich zwei Darstellungen in Elfenbein auf einem Buchdeckel, welche ihrer stilistischen Eigentümlichkeiten wegen dem zehnten Jahrhundert angehören müssen.[1]) Die eine Darstellung zeigt die Majestät Christi. Christus sitzt (auf dem

domine deus meus; Sem Ps. VIII: Domine dominus noster; Heber Ps. IX: confitebor tibi; Thare Ps. X: in domino confido; — Abraham Ps. XI: salvum me fac; Isaac Ps. XII: usquequo domine; Jacob Ps. XIII: dixit insipiens; Joseph Ps. XIV: domine, quis habitabit. Dieselbe Zusammenstellung bei Honorius, gemma animae II, 2—4 (Migne 272, col. 616. 617).

[1]) Abb. in „Kunstschätze aus dem Grossherzoglichen Museum zu Darmstadt. Hrsg. v. Nöhring und Frisch; vgl. Westwood, fictile ivories S. 126 ('58. 87). Bode, Deutsche Plastik S. 10.

Regenbogen), unbärtig, mit langem Haar und Kreuznimbus. Seine Rechte ist halb erhoben: sie ist offen ausgestreckt. Seine Linke hält ein Buch, welches auf das Knie aufgestützt ist. Das Buch trägt die Inschrift aus Mtth. XXVIII, 18: data est mihi omnis potestas in coelo et in terra. Ueber und unter Christus sind die Zeichen der Evangelisten.

Grössere Schwierigkeit macht die Deutung der anderen Darstellung: sie ist ebenfalls dreigeteilt. Die Mitte zeigt einen stehenden Mann; sein Haupt ist scharf (in den Nacken) zurückgeworfen; die Rechte ist hoch über das Haupt erhoben; die Linke hält eine Tafel mit der Inschrift: aspiciens a longe ecce video dei potentiam. Aus ihr erklärt sich die lebhafte Bewegung, mit welcher der Mann nach oben schaut. Er sieht auf zwei herabschwebende Engel, welche einen Kranz in den Händen tragen. Der Kranz umschliesst eine Hand, den sinnbildlichen Ausdruck für die potestas dei. Der untere Teil dieser Elfenbeinplatte zeigt eine liegende Frau; sie hält über sich mit ihrer Linken ein Kind, dessen Kopf an ihrer Brust befindlich ist, dessen Beine nach oben ausgestreckt sind. Am einfachsten erklärt sich dieses Relief als das auch sonst in ähnlicher Weise vorkommende Bild der terra.

Die ganze Darstellung ist eine wörtliche Illustration des am ersten Advent gebräuchlichen Responsoriums: aspiciens a longe ecce video dei potentiam venientem und seiner Fortsetzung: et nebulam totam terram tegentem. Daraus erklärt sich, in welchem Zusammenhange das Bild der terra mit der übrigen Darstellung steht. Die Besprechung des Responsoriums bei Sicardus lässt auch die Majestät Christi als mit dem Uebrigen zusammenhängend erkennen. Denn er erklärt die potentia dei als den Sohn Gottes, dem alle Gewalt im Himmel und auf Erden gegeben ist. Wichtiger ist, dass Sicardus auch zur Deutung der nicht näher bezeichneten männlichen Person helfen kann. Denn in dieser Stephanus zu sehen, dazu können nur die ähnlichen Worte der Apostelgeschichte (acta app. VII, 55: (Stephanus) vidit gloriam dei et Jesum stantem a dextris dei) Veranlassung gewesen sein. Sicardus bemerkt, dass das Responsorium gesungen wurde ‚in persona Joannis Baptistae vel sponsae'. Daraus ergiebt sich mit der grössten Wahrscheinlichkeit, dass die männliche Person auf vorliegender Elfenbeinplatte den Täufer vorstellen soll. Bestätigt wird diese Deutung dadurch, dass ein Schriftsteller des neunten Jahrhunderts sowohl wie einer des zwölften das Responsorium nur dem Täufer in den Mund legen.[1])

Ebenso lässt sich, weil das Elfenbein eine Illustration eines Responsoriums ist, mit Sicherheit annehmen, dass es bestimmt war, den Einband eines Antiphonarius zu schmücken.[2])

Beisachen.

Sicardus müsste nicht ein mittelalterlicher Schriftsteller sein, wenn nicht angenommen werden dürfte, dass auch auf seine Phantasie die Freude des Mittelalters an fabelhaften und nicht fabelhaften Tiergestalten, die zumeist eine symbolische Bedeutung haben, Einfluss geübt hätte. Da er aber nie direkte Veranlassung hatte, über Symbolik von Tieren zu reden, — wie sich dies aus dem Stoffe, den er behandelte, ergiebt, — so beschränken sich die Nachrichten, die sich bei ihm finden, auf gelegentliche Bemerkungen. Doch können zufällige Notizen oft grössere Wichtigkeit für sich in Anspruch nehmen, als die mit bewusster Absicht auf Reflexion beruhenden.

Ausser den Präfigurationen des Opferlammes und der Bezeichnung Christi als des Löwen infolge seiner Auferstehung gehören hierher die Namen von Tieren, welche Christus beigelegt werden. Sie sind sämtlich aus der Bibel, meist aus den poetischen Stücken des Alten Testaments, den Psalmen und psalmenähnlichen Stellen,

---

[1]) Innocens III. in seinen Sermonen (bei Mai, Spicil. Rom. VI, S. 478) lässt es nur von der Kirche (der mater ecclesia) gesprochen sein. — Vgl. Amalarius, de ordine antiphonarii liber cap. VIII (in Maxima Bibliotheca Patrum. XIV, 1039 E). Honorius, gemma animae III bei Migne, 172, col. 643 A. Sicardus, Mitralis bei Migne, 213, col. 196 A.

[2]) Ueber die im kirchlichen Gottesdienste gebräuchlichen Bücher vgl. Sicardus, Prolog zum 5. Buche bei Migne. col. 189 f.

Ob die Deutung der Prophetengestalt auf Johannes baptista sich neben der von Schneider auf Jesaias halten lasse, darüber soll Nachtrag II Auskunft geben.

genommen. Sie sind zusammengestellt in dem Kapitel de octava domini, wo von den Namen Christi überhaupt gesprochen wird. Christus wird bezeichnet als agnus, ovis, vitulus, serpens, aries, leo, vermis; später auch als piscis.[1])

Häufiger werden wilde Tiere genannt, unter welchen der Teufel oder überhaupt Dämonen verstanden werden. Christus hat über sie gesiegt; denn der Spruch aus Psalm 90: super aspidem et basiliscum ambulavit et leonem et draconem conculcavit wird auf ihn bezogen. Alle vier Tiere werden direkt auf den Teufel gedeutet (278 B, 313 C). Christus hat durch seine Auferstehung den Löwen besiegt (181 C).[2]) Durch Christus wird das Volk Gottes aus dem Rachen des Löwen befreit (370 B). Das Volk Gottes wird einer Herde Schafe verglichen; ihre Feinde sind der brüllende Löwe, der umhergeht und sucht, welchen er verschlinge, I. Petr. V; der Drache, der die vom Wege Abgekommenen mit seinem Gifte tötet: da raubt der Wolf, dort bricht der Bär ein (169 A). Die gewöhnlichsten Bilder, unter welchen Sicardus den Teufel sieht, sind doch Drache und Löwe. Beide sind voneinander unterschieden insofern, als der Drache die Menschen heimlich verführt, wie er Christum auf der Zinne des Tempels versuchen wollte: der Löwe wird offen gegen den Namen Christi wüten zur Zeit des Antichrists.[3])

Mit solchen Anschauungen ist die Idee des Kampfes Christi und der Christen gegen den Teufel unter dem Bilde des Kampfes mit wilden Tieren gegeben. Wie allgemein die Gestalt des Drachen für den Teufel war, zeigt ein Brauch, dessen Sicardus als in einigen Kirchen üblich Erwähnung thut: Zur Erinnerung an eine Pest in Vienne, zu welchem Uebel auch noch Einbrüche von Wölfen und Ebern kamen, die die Menschen anfielen, hatte Bischof Mamertus eine dreitägige Prozession und ein dreitägiges Fasten angeordnet. Als litania minor sei diese lokale Institution in den allgemein kirchlichen Gebrauch übergegangen, sagt Sicardus, und man habe an den ersten beiden Tagen einen Drachen mit langem, aufgerichtetem

[1]) Mitr. 228 C, 355 A.

[2]) cf. Honorius, speculum eccl. (Migne 172, 930): hodie (paschali die) fortem leonem fortior leo de tribu Juda vicit.

[3]) cf. Beleth cap. 123 (fol. 549 b).

Schweif bei den Prozessionen herumgetragen, und zwar vor dem Kreuz und der Fahne, während man am dritten Tage ihn nach dem Kreuze mit gesenktem Schweife getragen habe.[1]) Ausdrücklich wird dies Bild auf den Teufel gedeutet: das eine Mal bezeichnet es seinen Sieg, der ihn zum Herrn der Welt macht; das andere Mal seine Besiegung, nach welcher er die Menschen nur noch heimlich zu versuchen wagt.

Von Interesse ist diese Notiz deswegen, weil sie erkennen lässt, dass fabelhafte Gestalten nicht nur als Skulpturen an Kirchenportalen etc. den Gläubigen vor Augen geführt wurden; weil sie einen Zusammenhang zwischen kirchlichen Aufführungen und Werken bildender Kunst konstatieren lässt.

Wenn die Taube und Turteltaube auf die Einfachheit und Keuschheit bezogen werden (242 D) oder auch auf die vita activa und contemplativa (105 A), wenn die Rede ist von arietina spiritus protervia, taurina feritas, hircina libido (131 D), so beweist dies, dass die Tiere auch als Symbole für Tugenden und Laster gelten, dass eine moralisierende Bedeutung derselben dem Sicardus wenigstens nicht fremd war.[2])

---

[1]) Mitralis 368 D, 369 A. — Auch Durandus erwähnt diesen Brauch (VI, cap. 102, § 9), spricht aber von ihm als von einem in der Vergangenheit liegenden.

[2]) Will man einen Begriff von der Mannigfaltigkeit der Tiergestalten haben, welche auf Christus und den Teufel gedeutet werden, so braucht man nur einen Blick in einen mittelalterlichen Kommentar zu den Psalmen zu thun. Denn die Psalmen lieferten die meisten Tierbilder, welche die Phantasie erfüllen und reizen konnten (vgl. Springer, Quellen etc., S. 14, Anm. 2). Der ausgedehnte Gebrauch, welcher im kirchlichen Leben von dem Psalter gemacht wurde, sorgte dafür, dass die Tierbilder der hebräischen Poesie im Gedächtnisse der Gläubigen hafteten. Man vergleiche z. B. den Kommentar des Bischofs von Würzburg, Bruno, der nach Joannes Trithemius, catalogus virorum ecclesiasticorum illustrium (fol. LXIII a), im Jahre 1045 gestorben ist (in Maxima Bibliotheca Patrum Lugd. XVIII, 65 ff.). Christus ist vermis (21, 6), vitulus et filius unicornium (28, 6), vitulus novellus (68, 36), leo (7, 2). Der Löwe ist ein Bild des Teufels (7, 2). Die vier Bilder des Teufels (90, 13: aspis, basiliscus, leo, draco) werden erklärt. Der Unterschied zwischen leo und draco wird zu 9, 31 ebenso angegeben wie bei Beleth cap. 123. Auch die Gestalt und Natur einzelner Tiere wird beschrieben: so die aspides zu 13, 5 als immane genus serpentum, quod naturali obstinatione verba incantantium perhibetur non admittere, nec a voto suo potest removeri et quod non valet ullo carmine mitigari, sicut alia genera serpentina et cet. — Doch sind Beziehungen der Tiere

Einen Beitrag zur Lösung der Frage, welche Tierbilder die mittelalterliche Phantasie erfüllten und in welchem Umfange sie das thaten, liefern jedenfalls die auch dem Bereiche der theologischen Litteratur angehörigen Schriften, welche, lediglich von der Phantasie eingegeben, auf die Phantasie der Gläubigen berechnet sind, die Schriften, welche Visionen erzählen.[1])

Es erübrigt noch, einen Blick auf das neunte Buch des Mitralis zu werfen, welches im obigen nur ganz vorübergehende Erwähnung finden konnte. Es handelt von den Heiligenfesten. Naturgemäss sind unter diesem allgemeinen Titel auch die Kreuzesfeste mit verstanden. Dass auch die transfiguratio domini hier ihre Stelle findet, hat seinen Grund darin, dass sie am Tage des heiligen Sixtus gefeiert wurde. Auch handelt ein Kapitel dieses Buches de exequiis mortuorum.

Die Ausbeute, welche dieses Buch für die Erklärung von künstlerischen Darstellungen der Heiligen liefert, ist eine geringe. Denn wenn sich auch nachweisen liesse, dass Sicardus nur die damals in der ganzen Kirche gefeierten Feste aufzählte, so wäre damit nicht viel gewonnen. Denn das zum Verständnis von bildlichen Heiligendarstellungen Wichtigere ist die Kenntnis der Legenden, welche man von den betreffenden Heiligen erzählte. Und hier beschränkt sich Sicardus auf die notdürftigsten Bemerkungen. Oefters verweist er auf Schriften, welche über das Leben oder die Todesart dieses oder jenes Heiligen berichten. Eine ausführlichere Legende, wie sie sich etwa in des Honorius Predigten finden, erzählt er nie. In der Beschaffenheit des Buches liegt diese Schweigsamkeit des Verfassers begründet.

---

auf andere Personen nicht selten; massgebend für die Deutung ist immer der Gegensatz und der Kampf zwischen Gut und Böse. — Dass auch Präfigurationen nicht fehlen, ist natürlich. Ist doch David, der Sänger des Psalters, ein Typus Christi, und die Kämpfe Davids sind die Figuren der geistigen Kämpfe Christi (figurae bellorum spiritualium Christi, zu Ps. 59). — Der Psalter wird eben nicht historisch erklärt: die Gedanken, die im Neuen Testamente gegeben sind, werden in ihn hineingetragen. — Für die Eigentümlichkeiten hebräischer Poesie scheint das Mittelalter kein Verständnis gehabt zu haben.

[1]) Darüber vgl. Nachtrag I.

Für die ikonographische Forschung hat er insofern einige Bedeutung, als er die Todesart mehrerer Heiligen angiebt. Abgesehen von den Aposteln, von deren Tode er schon in dem Vorhergehenden gesprochen hatte (vgl. oben, S. 53, Anm. 3), berichtet er, dass Lucia ihren Tod gefunden dadurch, dass man ein Schwert durch ihre Eingeweide gebohrt habe. Durchs Schwert sei auch Agnes umgekommen. Von Agatha wird erzählt: post alapas, equuleum et tortiones, post mamillarum abscissionem et curationem, et in carbonibus volutationem, tandem est in carcere consummata. Sebastian ist mit Pfeilen geschossen worden.

Unter den Heiligen nehmen eine hervorragende Stelle ein: Laurentius, Martinus und Nicolaus (vgl. cap. LIV generalia de festis); auch Stephanus, welcher immer protomartyr genannt wird. —

Der Inhalt einiger Legenden wird in kurzen Zügen angegeben. Zum Beispiel werden die Thaten des Heiligen Nicolaus in folgenden Sätzen wiedergegeben: qui tres virgines ab infami patris commercio liberavit; qui ad summum sacerdotium divina fuit revelatione promotus; qui nautis naufragantibus subvenit; qui triticum multiplicavit; qui Dianae fallaciam oleo incentivo detexit; qui quosdam a capitali sententia, et alios a carcere liberavit. Die Legende vom heiligen Nicolaus ist in den Hauptzügen wiedergegeben; aber zu kurz, als dass sich bildliche Darstellungen derselben vollständig damit erklären liessen.[1])

Dasselbe lässt sich in Bezug auf die Legende der Kreuzauffindung und -Aufrichtung sagen. Jene wird mit den Worten berichtet: . . Helena lignum crucis in Calvaria per quendam Judam invenit; diese erzählt er ausführlicher; er spricht von dem Perserkönig Cosdroas, der sich Gottvater nennen liess; zu seiner Rechten das Kreuz anstelle des Sohnes, zu seiner Linken einen Hahn anstelle des heiligen Geistes stellte. Auch die weitere Erzählung wird angeschlossen: dass Heraclius Cosdroas besiegte und das Kreuz nach Jerusalem brachte; dass sich ihm aber nicht eher die Thore der Stadt, die sich von selbst geschlossen hatten, öffneten, als bis er sich erniedrigt hatte. So zog er dann mit nackten Füssen in die

---

[1]) Mitralis IX, 2; vgl. damit die Darstellung der Nicolaus-Legende in den Glasgemälden von Auxerres in Nouveaux mélanges etc. 1875, 42 ff.

Stadt ein. Wie verbreitet diese Legende gewesen ist, beweist Beleth, welcher die Geschichte des Kreuzes von Adam an verfolgt und auch die Königin von Saba erwähnt.[1])

Noch manche andere Notizen werden sich finden lassen, welche im einzelnen Falle zur Erklärung mittelalterlicher Heiligen- und Legendenbilder beitragen können; im allgemeinen wird die Erklärung auszugehen haben von den Legenden selbst, welche auch Sicardus öfters nennt, oder von volkstümlichen, auf die Laien berechneten Bearbeitungen derselben, wie sie in den sermones de sanctis, z. B. im speculum ecclesiae des Honorius von Autun, vorliegen. Als ergiebigste Quelle für Erklärung von Heiligendarstellungen aus dem späteren Mittelalter, welche auch für vor ihrer Zeit liegende Bilder herangezogen werden darf, bietet sich die legenda aurea des Jacobus de Voragine.

Ergebnisse.

Nach dem Vorstehenden lässt sich die Bedeutung des Mitralis für ikonographische Forschung bestimmen; sie ergiebt sich aus der Beantwortung der dem Ausgeführten zu Grunde liegenden beiden Fragen: Kann man dem Mitralis den Rang einer litterarischen Quelle einräumen, aus welcher unmittelbar der Inhalt für Kunstdarstellungen des Mittelalters geflossen ist, aus welcher die Künstler sich die Anregungen und die Motive für ihre Werke geholt haben? und: Was lässt sich aus dem Mitralis zur Erklärung mittelalterlicher Bildwerke entnehmen?

Die erste Frage wird entweder schlechthin verneint werden müssen oder nur in sehr bedingter Weise bejaht werden können. Dafür sprechen folgende Gründe:

Der Mitralis ist nicht so beschaffen, dass er den Künstlern irgendwelche Anregungen hätte geben können. Bestimmt, den mit gottesdienstlichen Funktionen betrauten Personen ein Kommentar zu ihren Geschäften zu sein, trägt er ein gelehrt-theologisches Gepräge. Dass er in einzelnen Fällen unmittelbar oder durch Ver-

[1]) Mitralis IX, 22. 54. Beleth, capp. 125 u. 151. vgl. Springer, Quellen etc. S. 26, Anm. 1.

mittelung der Personen, für die er bestimmt war, auf den Künstler Einfluss gehabt haben könnte, ist damit nicht ausgeschlossen; es müsste dieser Einfluss durch Einzelfälle bewiesen werden. Einen allgemeinen Einfluss hat er sicherlich nicht gehabt:

Denn er bringt nirgends ihm eigentümliche Gedanken. Auch dort nicht, wo er am ehesten originale Gedanken zu bieten scheint: in seinen symbolischen Ausführungen. Denn deren Prinzipien lassen sich schon aus früherer Zeit nachweisen; dies ist insbesondere der Fall bei symbolischen Gedanken, welche auf Werke der bildenden Kunst wirklich Einfluss geübt haben. Ein unmittelbarer Einfluss des Mitralis könnte doch nur dann mit Bestimmtheit behauptet werden, wenn in einem Kunstwerke Gedanken verkörpert sich vorfänden, die nur bei Sicardus anzutreffen wären (vorausgesetzt, dass das Kunstwerk später ist).

Es lassen sich aber fast alle Fälle, in denen ein Zusammenhang zwischen der bildenden Kunst und den Ausführungen des Mitralis zu geben versucht worden ist, als aus anderen, näher liegenden Quellen hergeleitet beweisen. Das hat seinen natürlichen Grund: Sicardus musste sich durchweg an einen gegebenen Stoff halten. Der Stoff, wie er in den von ihm im Prologe zum fünften Buche genannten liturgischen, im Gottesdienste selbst gebräuchlichen Büchern vorlag, bot die Grundlage, auf welcher seine Ausführungen sich aufbauen. Es ist von Wichtigkeit, zu erkennen, dass auch hierdurch auf die im gottesdienstlichen Gebrauche befindlichen Bücher hingewiesen wird als auf Quellen, aus denen unmittelbar der Inhalt der Kunstdarstellungen entnommen worden ist. Da diese Bücher in allgemeinem Gebrauche gewesen sind, so müssen sie unbedingt als die einflussreichsten Quellen angesehen werden. Dass der Mitralis in allgemeinem Gebrauche gewesen sei, lässt sich nicht erweisen; durch das Rationale des Durandus ist er überflüssig geworden. An dieses müsste darnach angeknüpft werden, wenn man fragen wollte, welchen unmittelbaren Einfluss Werke von der Gattung des Mitralis auf Kunstdarstellungen gehabt hätten.

Die Bedeutung des Mitralis liegt demnach nach einer anderen Seite: sie bezieht sich nicht auf die Zeit nach ihm, sondern auf die Zeit vor ihm. Sicardus bringt nicht neue Bahnen eröffnende, von der Folgezeit aufgenommene Gedanken, sondern nimmt die Gedanken, in denen seine Zeit lebte, auf und fasst sie zusammen. Darum ist sein Buch geeignet, auch auf die vorausliegende Zeit einen Blick werfen zu lassen.

Damit hängt die Beantwortung der Frage, was sich aus ihm für ikonographische Forschung entnehmen lasse, eng zusammen.

Sicardus bringt eine Anschauung von der Kunst, welche als die im Mittelalter herrschende zu bezeichnen ist. Der lehrhafte Zweck der Kunst hat die Auswahl der Kunstwerke, welche er giebt, bedingt. Darstellungen von Christus bilden den Hauptinhalt seines Bilderkreises; es ist aber nicht Christus als der Wunderthäter, sondern Christus, welcher durch seine Menschwerdung, sein Leiden und seine Herrlichkeit den Gläubigen das Heil verbürgt; auf der einen Seite der Kampf mit dem Bösen, auf der andern die Ueberwindung desselben stehen im Mittelpunkte der Betrachtung.

Im Grunde ist auch die Symbolik der Kirchengeräte dieser lehrhaften Tendenz unterstellt. Denn auch sie hat den Zweck, den Gläubigen vor Augen zu führen „das, was droben ist", die himmlische Stadt, zu der sie gelangen nach Beendigung des Kampfes gegen die bösen Mächte.

Dass das Kirchenjahr in seinem gesamten Umfange, mit seinen hohen Festen, Sonntagen und Heiligentagen, mit seinen Feierlichkeiten und Prozessionen, vor Augen geführt wird, hat einerseits kulturgeschichtliche Bedeutung: denn dies lässt erkennen, in welchen Formen sich das gottesdienstliche Leben der Gläubigen bewegte; es giebt die Grundzüge, um zu bestimmen, mit welchem Inhalte diese Formen erfüllt wurden. Diese Erkenntnis ist von einer mehr allgemeinen Bedeutung für die mittelalterliche Ikonographie.

Andererseits hat diese Beschaffenheit des Mitralis spezielle Bedeutung für die Ikonographie. Denn die im kirchlichen Gebrauche befindlichen Lektionen, Gesänge etc. sind die Veranlassung zu exegetischen Erörterungen geworden; aus diesen lassen sich die allgemeinen Prinzipien mittelalterlicher Exegese nachweisen; aus ihnen ergeben sich die Grundzüge für Typologie und Allegorie; für Verwertung von Tierbildern; für Zusammenstellung biblischer Szenen; für Gruppierung heiliger Personen um einen einheitlichen

Gedanken. Dadurch, dass man sich in den meisten Fällen begnügen muss, nur die Grundsätze für die angegebenen Kategorien dem Mitralis zu entnehmen und nur nachweisen zu können, dass dieselben Grundsätze auch in der bildenden Kunst zur Anwendung gekommen sind, wird die ikonographische Bedeutung des Mitralis zwar abgeschwächt, aber die Allgemeingiltigkeit der Grundsätze bewiesen. In manchen Fällen finden sich die Erklärungen für mittelalterliche Bildwerke sowohl in Predigten wie in Schriften von der Gattung des Mitralis. Zum Beispiel war dies der Fall, als die kirchliche Bedeutung des Advents und des Epiphanienfestes an der Hand des Mitralis gegeben wurde. In der Predigt könnte die gegebene Erklärung eine zufällige sein; durch die Bezeugung der Schriften, welche die innere Bedeutung der kirchlichen Feiertage zu liefern zur Aufgabe haben, wird sie eine notwendige, kirchlich sanktionierte.

Für sich allein bietet der Mitralis für ikonographische Forschung geringe Ausbeute; er weist über sich hinaus und fordert das Studium der im gottesdienstlichen Gebrauche befindlichen Bücher.

NACHTRAG I

zu S. 62.

Zum Beweise sei auf die Visionen der heiligen Elisabeth von Schönau (herausgegeben von Roth, Brünn 1884) hingewiesen. Schon aus der Natur der Visionen kann gefolgert werden, dass visionäre und künstlerische Phantasie sich berühren müssen. Die Visionärin schaut alles in Bildern. Doch waltet der durchgreifende Unterschied zwischen visionärer und künstlerischer Phantasie, dass jene an den Raum nicht gebunden ist. Daher kommen ihre phantastischen Bilder.

Noch ein anderer Umstand verdient Beachtung. Man kann fragen, ob nicht die Phantasie der Elisabeth durch wirkliche Kunstgegenstände, die sie vor Augen gehabt hatte, beeinflusst worden sei. Manches deutet darauf hin. So sieht Elisabeth zum Beispiel das himmlische Jerusalem in zweifacher Gestalt. Das eine Mal sieht sie (Roth S. 18, cap. XXXIV) ‚in adventu domini edificium quoddam preclarum uno muro circumdatum et in medio eius turrim tante celsitudinis, ut cacumen eius celos penetrare videretur'; das andere Mal (S. 56 ff.) eine Stadt, umgeben von einer goldenen Mauer; sie ist vierseitig angelegt; jede Seite hat drei Thüren; an jeder Thür steht der Name eines Apostels geschrieben. Die Bezugnahme auf Apoc. XXI, resp. Ezech. XLVIII ist deutlich; doch sind auch der biblischen Darstellung fremde Züge in die Beschreibung eingetragen. Elisabeth giebt hiermit die beiden Typen des himmlischen Jerusalems, welche von der kirchlichen Kunst des zwölften Jahrhunderts verwendet worden sind: das erste Bild giebt in allgemeinen Zügen die in das Kolossale gezogene Gestalt eines Rauchfasses, das andere die eines Kronleuchters. — Eine deutliche Beziehung auf ein ausgeführtes Bild verrät eine Madonnenerscheinung: Maria erscheint der Elisabeth in einem einer priesterlichen casula ähnlichen Gewande; ein Diadem mit vier kostbaren Gemmen auf dem Kopfe; umgeschrieben ist ihr der englische Gruss: Ave Maria (Roth 6, VI). —

Liesse sich auch nicht ein direkter Zusammenhang zwischen den Visionen und künstlerischen Darstellungen nachweisen, so wäre immerhin die Erkenntnis, in welchen Kreisen die Phantasie einer mittelalterlichen Nonne sich bewegte, von kulturgeschichtlicher Wichtigkeit, und würde schon insofern auch einen Ertrag für die Ikonographie geben können. Was in der Phantasie der Elisabeth lebte, war gewiss in irgend welchem Masse in der Phantasie jedes Gläubigen, der sich zur Kirche hielt, lebendig. Denn die Visionen der Elisabeth erfolgten meist zur Zeit des Gottesdienstes; sowohl an den grossen Festen und den Sonntagen, wie an den Heiligenfesten. Die Bedeutung des einzelnen Tages hat ihren Einfluss auf die Vision; an den Heiligenfesten z. B. sieht sie diejenigen Heiligen, deren Fest begangen wird (Roth, pag. XCIII). Wenn die gesteigerte Andacht des Gottesdienstes die Gedanken der Elisabeth zu visionären Bildern verkörperte, so konnte auch die Phantasie der andächtigen Besucher des Gottesdienstes zu ähnlichen Wirkungen erregt werden. Aus dem Zusammenhange der Visionen der Elisabeth mit dem Kirchenjahre erklärt sich auch der grosse Kreis der Personen und Dinge, welche ihr erscheinen. Er umschliesst den ganzen Inhalt mittelalterlichen religiösen Lebens. (Ueber den Umfang der Erscheinungen vgl. die Lobrede auf Elisabeth von Abt Emecho von Schönau bei Roth, S. 355.)

Auch lassen die Visionen erkennen, welchen Einfluss auf einen phantasiebegabten Menschen des Mittelalters die grandiosen Bilder hebräischer Prophetie und Poesie haben können. Diesem Einflusse ist es jedenfalls nicht zum kleinsten Teile zuzuschreiben, wenn die Bilder für das Böse zumeist aus dem Tierreiche genommen werden. Die Teufel erscheinen Elisabeth als wilde Tiere, der Teufel kann sich verwandeln (6, VII); er erscheint bald als grosser, schrecklicher Stier, bald als hässlicher Hund (5, IV; 6, VII), als Ziege (39, LXXIX). Er wird bezeichnet als die alte Schlange, welche die Bösen verschlingen wird (113), als Leviathan (76, XXIV; auch bei Ekbert 236, wo Maria den Kopf der alten Schlange, des

Leviatan, zertritt. Sein Kopf ist dreigestaltig; die drei Köpfe sind Sinnbilder für Fleischeslust, Augenlust und hoffärtiges Wesen). Auch da, wo der Teufel in menschlicher Gestalt erscheint, werden ihm Teile von Tieren gegeben: so wird er 5, IV beschrieben: stabat coram me, in humana effigie, statura brevis, et spissus, et horribilis aspectu, facies eius ignea, lingua flammea, et longe ab ore eiecta, manus eius et pedes similes unguibus avium rapacissimarum.

Die bösen Geister erscheinen als Hunde und Geier (31, LXIV), als reissende Wölfe (117), als eine Herde von Ziegen, im Gegensatze zu der Schafherde, welche die Gläubigen bedeutet (114). Judas wie die Feinde der Märtyrer werden cruentae bestiae genannt (297, 330). Die Ketzer sind giftige Schlangen (74, XXI).

Die Hölle sieht Elisabeth als ein tiefes, schreckliches Thal, voll von Feuer. Unzählige quälende Geister sind darin, welche die ihrer Gewalt übergebenen Seelen schütteln, schleifen und unmässig quälen (17, XXXII; 50, XXIV: abyssus, 101: vorago horrendae caliginis). Im Gegensatz dazu erscheint der Himmel als ein herrliches Gebäude, umgeben von drei Mauern; in seinem Umkreise liebliche Bäume und Blumen etc. (17, XXXII; dazu in Ekberts Gedicht zu Ehren des Erlösers: ... decor, quem paradisus habet ex lignis, fructibus, herbis, floribus omnigenis, et lene fluentibus undis, vv. 250. 51, S. 309).

Energischer geschaut, grossartiger, aber auch phantastischer sind die Bilder, welche Hildegard von Bingen schaut (bei Migne, Bd. 197). Am Anfange ihrer Schrift: liber divinorum operum simplicis hominis (bei Migne, col. 741 ff.) sieht sie ein menschenähnliches Bild, welches mit seinen Füssen auf ein Ungeheuer und eine Schlange tritt. Das Bild erklärt sich selbst als die hohe, feurige Kraft, welche alle lebenden Funken angezündet hat, als die caritas; die Ungeheuer zu seinen Füssen sind ein Bild der Zwietracht, ein Bild des Teufels, welcher selbst den Sohn Gottes am Kreuze vernichtet habe (col. 748 D). Im Scivias (lib. III, vis. VI) sieht Hildegard die verschiedenen Tugenden in seidenen Kleidern und glänzenden Schuhen: der abstinentia wird als Attribut eine Taube gegeben, der largitas ein Löwe und eine Schlange, welche von ihrem Halse bis auf die Brust herabhängt (636 D). Unter den Füssen der veritas liegen „quasi species hominum conculcatorum et contritorum ab ipsa: hoc est, quod sub vestigiis veritatis omnes diabolicae falsitates.... ad nihilum deducuntur“ (638 A). — Stellen wie die letzte beweisen deutlich, wie beliebt in der mittelalterlichen Phantasie die Bezeichnung des Sieges einer Macht über die andere war durch das Bild des Tretens der siegenden Person auf die besiegte. —

Doch mit den Tier- und Kampfesbildern ist die Bedeutung, welche die Visionen zur Erklärung von Werken mittelalterlicher Kunst haben können, nicht erschöpft. Von Wichtigkeit sind sie noch insofern, als sie uns zeigen, in welcher Weise die biblischen Vorgänge von der Phantasie aufgefasst und wiedergegeben wurden. Es handelt sich hier um eine Erweiterung, resp. Ausmalung biblischer Szenen. Auch bei einzelnen Fällen dieser Art könnte die Frage aufgeworfen werden, ob Elisabeth nicht bei ihren Visionen an wirkliche Bilder, welche denselben Gegenstand behandeln, angeknüpft habe. So sieht sie einst (am Karfreitag) Christum am Kreuz, wie er schon sein Haupt geneigt hat und gestorben ist. Unter dem Kreuze stehen Maria „plena merore“ und Johannes. Herzu eilt einer von den Gottlosen, welcher seine Lanze in Christi Seite stösst (Roth, p. 24, XLVIII). Am Tage vorher hatte sie Christum gesehen, ebenfalls tot und mit der Seitenwunde; und aus dieser fliesst Blut in einen Kelch herab. Der Kelch, welchen der Priester bei der Messe emporhob, gab, wie sie selbst sagt, Anlass zu dieser Vision (23, XLV).

Das Gleichnis vom jüngsten Gericht (Matth. XXV, 31 ff.) malt sie sich mit folgenden charakteristischen Zügen aus: sie sieht Christum; er hat „keine Gestalt noch Schöne“; er zeigt das Kreuz, an dem er gehangen, und seine Wunden und ruft mit schrecklicher Stimme: talia propter te sustinui etc. Zu seiner Rechten steht ein Haufe Volkes mit Licht umflossen; Maria und Benedikt werden namentlich genannt. Im Gegensatz dazu ist um den Haufen zur Linken Christi tiefe Finsternis gebreitet; der Führer dieser Schar ist der rex superbiae; ihm zunächst stehen Judas und Pilatus (21, XLI. XLII). Mit dem Gericht beschäftigt sich Elisabeth häufig. Auf das Gericht deutet das doppelschneidige Schwert im Munde Christi, welcher ihr erscheint, gekleidet in violetten Mantel und einen weissen Schurz um die Lenden. In der Rechten hält er einen Schlüssel, in der Linken ein Königsszepter (88, I, vgl. 89, IV).

Die Märtyrer erscheinen durchgängig in weissen Kleidern mit goldenen Kronen auf den Häuptern, mit Palmen in den Händen; auf der Stirn haben sie einen Blutfleck (vgl. 8, XIII. 133, XIX).

Es ist gewiss nicht zufällig, wenn Elisabeth am Epiphanienfeste eine dreifache Vision hat: sie sieht die drei Könige, die Hochzeit zu Kana, die Taufe Christi (30, LXII). Dieser Fall beweist am besten, dass die Visionen durch die Bedeutung, welche die einzelnen Feste im Kirchenjahre haben, beeinflusst worden sind. —

Das oben Ausgeführte soll nur dazu dienen, zu zeigen, dass Elisabeth das, was ihre Phantasie bewegte, in anschaulichen, konkreten Bildern sah, und dass infolgedessen diese Bilder sehr wohl künstlerischen Erzeugnissen zur Seite gestellt werden können; dass Werke der bildenden Kunst durch ihre Visionen eine Beleuchtung und Erklärung empfangen können.

NACHTRAG II.

zu S. 59.

Als die vorliegende Arbeit bereits abgeschlossen war, erschien, zuerst in französischer Sprache unter dem Titel: Les ivoires du Bas-Rhin et de la Meuse au Musée de Darmstadt,[1]) dann deutsch unter dem Titel: Elfenbein-Bildwerke aus dem Museum zu Darmstadt: Das Advents-Diptychon aus der Sammlung Honolez-Hüpsch,[2]) eine Abhandlung von dem wegen seiner Forschungen auf dem Gebiete der christlichen Kunst so hochgeschätzten Herrn Dr. Schneider-Mainz, welche die oben besprochenen Elfenbeintafeln ausführlich erklärt. Da die oben versuchte Deutung der von Herrn Dr. Schneider gegebenen in mehr als einem Punkte widerspricht, so sei es gestattet, mit kurzen Worten darauf zurückzukommen, um zu versuchen, die Sache, wenn nicht zur Entscheidung, so doch einen Schritt der Lösung näher zu bringen.

Es handelt sich um die Erklärung der rechts auf dem Buchdeckel befindlichen Elfenbeintafel. Dass die linke Tafel den thronenden Christus als den richtenden darstellen soll, ist unzweifelhaft. Auch daran wird sich nicht zweifeln lassen, dass die beiden Tafeln schon ursprünglich zusammengehörig gedacht waren. Denn obwohl die beiden Tafeln ihrem Masse nach nicht gleich gross sind (vgl. das Adventsdiptychon etc., S. 5: linke Tafel: 26,6 cm hoch; 8,1 cm breit; rechte Tafel 26,4 cm hoch; 7,9 cm breit), obgleich die Tafeln verschieden geteilt sind und, was wichtiger ist, verschiedene ornamentale Einfassung zeigen (vgl. S. 4), so ist doch

---

1) Revue de l'art chrétien. 1888. 4. Heft mit Lichtdruck des Elfenbeins in Originalgrösse.

2) Mainz, Carl Wallau 1889 mit Abbildung in kleinerem Massstabe.

einerseits die stilistische Verwandtschaft in dem figürlichen Teile der beiden Tafeln eine so grosse, dass man nicht fehl geht, wenn man sie als das Werk einer Hand, also wenigstens als räumlich und zeitlich zusammengehörig, betrachtet; andererseits lassen sich beide Darstellungen unter einem einheitlichen Gedanken so gut vereinigen, dass es durchaus unnötig erscheint, sie auseinander zu reissen.

Aber daran wird festzuhalten sein, dass jede der Darstellungen ein in sich geschlossenes Ganzes bietet. Das Bestehen der einen Tafel und ihre Erklärung hängt nicht notwendig von der andern ab. Die linke Tafel könnte für sich bestehen; ebenso die rechte. Denn diese ist eine vollständige Illustration des ersten Responsoriums der ersten Nokturn des Offiziums des ersten Adventssonntags (Adventsdiptychon S. 9); vgl. oben S. 58). Die Macht Gottes unter dem Sinnbild der abwärtsgekehrten geöffneten rechten Hand, umgeben von einem Kranze (Nimbus), den zwei herabschwebende Engel tragen[1]); der Prophet, der über sich das Kommen der Macht Gottes erschaut; die ein Kind an der Brust haltende terra[2]) — sind die drei Gegenstände, welche der Künstler gebrauchen konnte, wenn er eine Illustration des Responsoriums liefern wollte. Der Künstler war, wie ein Blick auf die Abbildung beweist, bestrebt, das, was er darstellen wollte, zum lebendigsten und sprechendsten Ausdruck zu bringen.

Dass diese Tafel eine genaue Illustration eines am Anfange des Kirchenjahres gebräuchlichen Responseriens ist, darauf stützt sich die obige Behauptung (S. 59), dass sie bestimmt war, den

[1]) Dass es scheint, als ob sich die Engel jäh herabstürzten (Lübke im ‚Adventsdiptychon' S. 8) hat seinen Grund in dem Unvermögen des Künstlers, das Herabschweben der Engel genügend darzustellen. Auch wird die Beschränktheit des Raumes, über den der Künstler verfügte, eingewirkt haben.

[2]) Auffallend bleibt es, dass die Beine des Kindes, welches die liegende weibliche Figur an der Brust hält, so scharf nach oben gerichtet sind. Es dürfte schwer sein zu entscheiden, ob der Künstler noch mehr bieten wollte, als eine Personifikation der terra, ob er auch den zweiten Teil des Satzes: et nebulam totam terram tegentem darzustellen im Sinne hatte. Auch hier mag die Beschränktheit des Raumes auf die Darstellung Einfluss gehabt haben.

Einband eines Buches zu schmücken, welches die Responsorien enthielt. Denn es lässt sich nachweisen, dass der Inhalt der bildlichen Darstellungen auf dem Buchdeckel oftmals direkt aus dem Inhalte des Buches selbst genommen war und dem allgemeinen Charakter des Buches entsprach. Es dürfte unwahrscheinlich sein, dass der Künstler eine Illustration eines Responsoriums für ein Diptychon arbeitete, welches ‚auf der Innenseite die Namen von Stiftern und Wohlthätern enthielt' (Adventsdiptychon S. 4). Wahrscheinlicher ist es, dass der Inhalt des zu schmückenden Buches die Illustration eines aus ihm genommenen Spruches veranlasste (vgl. oben S. 55).

Wie in der Bestimmung des Zweckes, welchem die Tafel diente, so weicht auch in der oben versuchten Erklärung des Elfenbeins die Deutung der Prophetengestalt von der durch Herrn Dr. Schneider gegebenen ab. Dass die männliche Gestalt einen Propheten darstelle ist der Gewandung, des Bartes und Haares, noch mehr der Inschrift wegen unzweifelhaft. Aber welcher gemeint sei, ist fraglich.

Der Prophet der Menschwerdung im eminenten Sinne, Jesaias, sei gemeint, sagt Schneider: die Macht Gottes offenbare sich in der Rettung des Menschengeschlechtes; das responsorium selbst deute auf die Menschwerdung: es enthält selbst Gedanken, welche in den Prophezeiungen des Jesaias wiederkehren. Dazu beginnt die Kirche das geistliche Jahr mit Lesungen aus Jesaias (S. 10 und 11).

Es unterliegt keinem Zweifel, dass die Gründe, durch welche die Deutung auf Jesaias gestützt wird, vortreffliche sind. Ohne weiteres müsste diese Deutung als die allein richtige angenommen werden, wenn nicht durch die oben angeführten Schriftsteller selber (S. 58, 59) eine andere gegeben würde. Nicht Jesaias ist es, dem die Worte in den Mund gelegt werden, sondern Johannes der Täufer. Es müsste nachgewiesen werden, dass der erste Schriftsteller, der die Worte Johannes dem Täufer in den Mund legte, eine rein subjektive Meinung niedergeschrieben hätte und die Männer, welche ebenfalls Johannes nennen, ohne Kritik seinen Worten gefolgt wären. Das wird sich nicht nachweisen lassen. Darum erhellt aus den Worten der angeführten Schriftsteller, dass die Deutung, wie sie sie geben, eine durchaus gebräuchliche, eine in den verschiedenen Jahrhunderten des Mittelalters wiederkehrende, allgemein angenommene war. Wenn nun das Responsorium allgemein Johannes dem Täufer in den Mund gelegt wird, so beweist die Natur der Spruchbänder, dass die Gestalt, welche das Spruchband resp. die Spruchrolle in der Hand hält, keine andere sein kann als Johannes der Täufer. Denn das Spruchband trägt immer die eigenen Worte des Dargestellten. Da nun die schriftlichen Quellen Johannes den Täufer und nicht Jesaias nennen, so muss jedenfalls die Deutung auf Johannes die grössere Wahrscheinlichkeit für sich in Anspruch nehmen.

Wollte der Künstler den Propheten Jesaias darstellen und zwar im Hinblick auf die Menschwerdung Christi, so wäre sicher einfacher und leichter verständlich gewesen, wenn er die Weissagung des Propheten selbst auf die Rolle gesetzt hätte: Jesaia VII, 14: ecce virgo concipiet. (Diese Weissagung findet sich neben den Propheten Jesaias geschrieben auf einer Miniatur in der Bibel von S. Calisto (S. Paul) bei Rom. Diese Miniatur bietet eine Darstellung, welche der Darstellung auf den beiden Elfenbeintafeln sehr wohl an die Seite gestellt werden kann.)

Johannes ist aber nicht als Täufer, auch nicht als Bussprediger, sondern als Vorläufer Christi, als Prophet dargestellt. Daraus erklärt es sich, dass seine Darstellung von keinem der Attribute begleitet ist, welche ihr gewöhnlich gegeben werden. Weder der haarige Mantel (das Fell Mtth. III, 4 vestimentum de pilis camelorum) noch der lederne Gürtel (zona pellicea) noch das Lamm, welches er sonst trägt (im Anschluss an Joh. I, 29) findet sich in unserer Darstellung. Als der letzte Prophet des alten Bundes steht er auf der Grenze zwischen Altem und Neuem Bunde. Der letzte Prophet ist er und zugleich der grösste. Denn Jesus nennt ihn selbst plus quam propheta (Mtth. XI, 9); er sagt: maior inter natos mulierum propheta Johanne Baptista nemo est (Luk. VII, 28), cf. Mtth. XI, 13, 14: omnes prophetae et lex usque ad Joannem prophetaverunt et si vultis recipere ipse est Elias, qui venturus est) Johannes bereitet dem Herrn den Weg (cf. Jes. XL, 3—5) und weissagt von dem, der stärker ist als er (Mk. I, 7, Joh. I, 31) zugleich weissagt er das Gericht Mtth. III, 12: . . ventilabrum in manu sua et permundabit aream suam et congregabit triticum suum in horreum, paleas autem comburet igni inextinguibili (cf. Luk. III, 16. 17). Dieses Gericht vollzieht der Sohn Gottes, und der Sohn Gottes, dem alle Gewalt im Himmel und auf Erden gegeben ist, ist die potentia dei. Auf diese Weise lässt sich ein enger Zusammenhang zwischen beiden Tafeln herstellen; beide Tafeln dienen demselben Gedanken. Ungezwungen und ohne dass man vermittelnde Gedanken zu Hilfe zu rufen nötig hätte, erklärt sich so der Inhalt der Elfenbeintafeln.

Auch ein anderer Umstand ist der Beachtung wert: ikonographisch ist eine Darstellung des Johannes in der Weise des vorliegenden Elfenbeins wohl denkbar. Gerade in der karolingisch-ottonischen Kunst scheint Johannes auch ohne weitere Kennzeichen gebildet worden zu sein. In der Handschrift des Kaisers Otto im Münster zu Aachen[1]) ist seine Enthauptung gemalt. Ein weites blaugraues Oberkleid umhüllt seinen Körper; ein besonderes Attribut ist ihm nicht gegeben. Und auch bei der Taufe Christi, welche die weitaus meisten Darstellungen des Johannes bietet, wechseln Darstellungen, welche den Täufer mit Fellen oder haarigem Mantel bekleidet bringen, mit solchen, welche ihn in einfachem Gewande zeigen.[2])

Auch allein ohne Teilnahme an einer bestimmten Handlung, wird Johannes dargestellt in langem Untergewande und darüber geworfenem Oberkleide. Die beigesetzte Inschrift giebt dann die Erklärung.[3])

Allerdings sind die angeführten Beispiele keine schlagenden Parallelen zu der Darstellung des Darmstädter Elfenbeins, sie können

---

[1]) Hsgeg. von St. Beissel, Aachen 1886. Taf. IX.

[2]) Strzygowsky, Ikonographie der Taufe Christi, S. 38, Tafel IX.

[3]) Dazu vgl. das Mosaik, das Kraus, Reale-Encyklopädie der christlichen Altertümer II, 63 nach Paciaudi, antiquitates Christianae S. 182 anführt, wo Johannes in der linken Hand einen Stab mit Kreuz hält.

Die Mosaiken in der Apsis von S. Giovanni in Laterano und S. Maria Maggiore, die allerdings erst dem XIII. s. angehören (abgebildet bei de Rossi, musaici Cristiani) geben den Täufer in der oben bezeichneten Weise.

nur beweisen, dass eine Darstellung Johannes des Täufers ohne besondere Attribute möglich war, wenn die Handlung oder die beigesetzte Inschrift keinen Zweifel daran liess, dass Johannes gemeint sei. Wenn daher wie auf dem vorliegenden Elfenbein die Worte der Schriftrolle deutlich auf Johannes weisen, so konnte der Künstler seine sonstigen Attribute beiseite lassen, zumal Johannes nicht als Bussprediger oder als Täufer, sondern als Prophet zu schildern war.

Die Deutung der Prophetengestalt stützt sich demnach einerseits auf litterarische Quellen; andererseits scheint sie den Gesetzen mittelalterlicher Ikonographie nicht zu widersprechen. Da aber der ikonographische Beweis im obigen nicht strikt geführt werden konnte, so darf die Behauptung nicht gewagt werden, obige Deutung sei die einzig zulässige. Es sollte nur der Versuch gemacht werden zu beweisen, dass auch diese Deutung neben der von Herrn Dr. Schneider eine gewisse Berechtigung für sich in Anspruch nehmen könne.

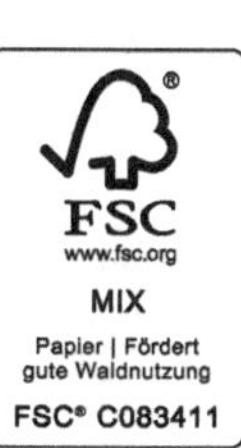

Zeitfracht Medien GmbH
Ferdinand-Jühlke-Straße 7
99095 Erfurt, Deutschland
produktsicherheit@kolibri360.de